내 아이가 꼭 알아야 할 40가지 지혜

폴 루이스 지음 | 최종훈 옮김

40 Ways to Teach Your Child Values

Paul Lewis

Copyright © 1985 by Paul Lewis
Copyright © Korean by TIMOTHY PUBLISHING HOUSE
A division of PAIDION MISSION
Seoul, Korea
Translated and Published by Permission
Printed in Korea

하나님께서 오직 나만의 친구로, 연인으로,
아내로, 그리고 아이를 함께 키우는 파트너로 허락해주신 여인이며,
내 생각의 뼈대에 살을 입혀준 사람인
레슬리(Leslie)에게 이 책을 바친다.
그런 엄마를 둔 쇼나(Shona), 조나단(Jonathan),
셸리(Shelly), 데이빗(David), 그리고 케빈(Kevin)에게
주님의 은총이 영원히 함께 하길 기도한다.

차례

감사의 글 ■□■ 7
이 책을 잘 활용하는 방법 ■□■ 9

1부 · 기술

1. 물질에 대한 책임, 이렇게 가르치라 ■□■ 17
2. 바른 의사 결정을 하도록 격려하라 ■□■ 22
3. 시간 관리의 기술을 전수하라 ■□■ 27
4. 친구 사귀는 기술을 가르치라 ■□■ 32
5. 정치적인 감각을 일깨우라 ■□■ 37
6. 죄에 매이지 않게 하라 ■□■ 42
7. 감춰진 메시지를 찾아라 ■□■ 46
8. 경제의 흐름을 읽게 하라 ■□■ 51
9. 비판을 주고 받는 법을 익히게 하라 ■□■ 56
10. 스트레스 다스리는 법을 가르치라 ■□■ 61
11. 죽음의 의미를 말해주라 ■□■ 66
12. 자녀의 이성 교제를 도우라 ■□■ 70
13. 청결이 몸에 배게 하라 ■□■ 74

2부 · 태도

14. 성공적으로 '성공'을 가르치라 ■□■ 81
15. 집안일에 참여시켜라 ■□■ 85
16. 실패를 겁내지 않는 아이로 키우라 ■□■ 90
17. 참된 자존감을 심어주라 ■□■ 94
18. 감사함을 표현하게 하라 ■□■ 99
19. 창조적인 발상을 후원하라 ■□■ 104

109	■ □ ※	20. 자신감을 북돋우라
114	■ □ ※	21. 섬김의 덕을 알게 하라
118	■ □ ※	22. 유머 감각을 키워주라
123	■ □ ※	23. 우울한 감정을 극복하도록 도우라
128	■ □ ※	24. 포기하지 않는 집념을 키워주라
133	■ □ ※	25. 권위에 순종할 줄 알게 하라
138	■ □ ※	26. 단순한 삶을 가르치라

3부 · 가치기준

145	■ □ ※	27. 정직의 본을 보이라
150	■ □ ※	28. 텔레비전이라는 괴물을 잡아라
156	■ □ ※	29. 삶 속에서 성교육을 시작하라
161	■ □ ※	30. 아이들의 권리를 찾아주라
165	■ □ ※	31. 감춰진 보물, 가족의 전통을 세워라
170	■ □ ※	32. 물질에 대한 청지기 의식을 키워주라
175	■ □ ※	33. 아이들의 뿌리를 찾아주라
180	■ □ ※	34. 아이의 비밀을 지켜주라
185	■ □ ※	35. 아이의 마음에 용기를 불어넣으라
190	■ □ ※	36. 예술적인 감각을 일깨우라
195	■ □ ※	37. 건강한 삶에 대한 필요를 일깨우라
200	■ □ ※	38. 지적 호기심을 키워주라
205	■ □ ※	39. 가정에 대한 신념을 갖게 하라
210	■ □ ※	40. 하나님을 향한 열망을 갖게 하라
215	■ □ ※	부록 – 점검표

감·사·의 글

이 책에 실린 40개 분야의 자녀 양육 관련 지침들은 대부분 한 가정 전문지에 처음 실렸던 것들이다.

필자는 1977년 가을부터 줄곧 이 소식지를 편집해왔는데, 부모들을 상대로 한달 한달 책을 만들어내면서 갖가지 재능을 가지고 있는 여러 친구들에게 그들이 지닌 예지와 힘을 빌려달라고 부탁했었다. 모두 40장(chapter)으로 구성된 이 책의 내용 가운데 열네 장에 걸쳐 담긴 핵심 줄거리들은 각각 부탁받은 분야에서 필자의 요구에 응해준 전문가 열 명의 견해를 토대로 만든 것이다. 필자는 그분들에게 마음으로부터 감사의 뜻을 전하고자 한다.

정상 정복 훈련원(Summit Expedition)의 대표팀 한슬(Tim Hansel) 씨는 '용기' 부분을 훌륭하게 다루어주었다. 샌디에고 가정 상담소(San Diego's Family Consultation Service)의 책임자로 있는 심리학자 케이스 올슨(G. Keith Olson) 박사는 성공과 실패에 대한 두려움, 고마움, 죄, 우울증 따위에 대한 인식의 틀을 잡아주었다. 가정 상담가인 메리 조 윈터(Mary Joey Winter) 씨는 '죽음'에 관한 부분을 맡아주었다. 역시 심리학자인 콘스탄스 아들러(Constance Adler) 박사는 자존감(self-esteem)에 대한 자료를 제공해주었다. 목사이자 상담가인 고든 헤스(Gorden C. Hess) 씨는 어린이의 권리를 다루는 데 도움을 주었다. 아동심리학자 레스 카터(Les Carter) 박사는 아이들을 세련되고 순결하게 키우는 방법에 대해 해박한 지식을 갖추고 있었다. 크레이그 윌슨(Craig Wilson)은 '웃음'에 대해 썼다. 달라스 기독 상담소(Christian Counseling Service in Dallas) 소장인 웨일런 워드(Waylon O. Ward) 박사는 '감춰진 메시지(hidden message)'라는 주제를 다루어주었다. 작가인 리차드 포스터(Richard J. Foster)는 단순한 삶에 대한 자료를 마련해주었다. 역시 작가인 필 로리(Phil Rawley)는 프라이버시의 세계로 들어가는 문을 열어주었다. 이 모든 분들이 필자의 편집 의도에 따라주었으며 비상한 애정을 가지고 여러 차례 원고의 내용을 추가하기도 했다. 그분들에게 큰 빚을 진 셈이다.

또 1983년 7월부터 월간 「아빠가 최고(Dads Only)」의 부편집장을 맡아 일하고 있는 폴 티그펜(Paul Thigpen) 씨에게도 신세를 많이 졌다. 그는 각 장의 내용들을 새롭게 꾸며줌으로써 이 책이 나오는 데 단단히 한 몫을 했다.

그리고 마음씨 착한 아이 쇼나(Shona)와 이제 곧 고학년이 될 조나단(Jonathan), 아직 학교에 갈 나이가 안된 꼬마 셸리(Shelley)와 젖먹이 데이빗(David)···. 만일 너희들이 없었더라면 아빠는 이 일을 할 엄두조차 내지 못했을 게다. 정말 고맙다, 꼬마 친구들아. 여기에 그 고마움을 적게 되어 정말 기쁘구나.

캘리포니아 쥴리안에서 폴 루이스

이 책을 잘 활용하는 방법

당신은 지금 그저 평범한 자녀 교육 관련 서적 한 권을 들고 있는 게 아니다. 이 책을 어떻게 활용하도록 만들었는지 파악하지 못한 채 읽어나가면 오히려 실망하게 될 수도 있다.

이 책은 이제 걸음마를 배우기 시작한 어린아이부터 저학년 꼬마들과 십대 청소년들에 이르기까지, 아이들이 성숙하고 뛰어난 어른이 되는 데 없어서는 안 될 가장 중요한 기술과 태도 및 가치 기준이 되는 마흔 가지를 엄선해서, 언제고 들추어볼 수 있는 일종의 지침서로 만든 것이다.

각 장(chapter)은 매우 짧다. 어느 것은 5분 남짓이면 다 읽을 수 있다. 그러므로 이 책을 손이 자주 가는 가까운 자리에 놓아두고 문제가 생길 때마다 기억해서 필요한 부분을 찾아 읽고 또 읽으라.

각 장은 자녀에게 중요한 생활 기술이나 지식을 바르게 주입시키기 위해서 부모가 꼭 지켜야 할 기본 원칙과 실천 사항들을 개괄적으로 설명하고 있다. 한 장(chapter) 안에도 여러 개의 명료한 원칙들과 실제적인 아이디어들이 담겨 있으므로, 한 자리에 앉아서 몇 장을 한꺼번에 읽어치우는 경우, 쉽사리 지치게 되고 더 나아가 낭패감을 맛보게 될 수도 있다. 그러므로 한 번에 2~3장 이상은 읽지 않는 것이 좋다. 제아무리 뛰어난 능력을 지녔거나 헌신된 상태라 하더라도 동시에 2~3개가 넘는 분야에 골고루 정신을 집중할 수 있는 부모는 거의 없다. 만에 하나, 부모가 그렇게 할 수 있다손 치더라도 자녀들이 지나친 부담(overload)을 느껴서 곧 주저앉고 말 것이다.

이 책을 가장 유용하게 사용하는 방법은 다음과 같다.

우선, 목차를 쭉 훑어보면서 당신의 자녀들이 지금 씨름하고 있거나 조만간 부딪히게 될 문제들, 또는 부모로서 당신이 관심을 갖고 있는 기술이나 태도 또는 가치 기준을 두세 가지 집어내라. 그리고 그 부분을 펼쳐 읽으라.

두 번째로 손에 연필을 들고 읽으라. 핵심적인 자녀 양육 원리들은 그 앞에 검은 네모(■)를 표시해놓았다. 도움이 되겠다 싶은 내용이 있으면 쉽게 찾아볼 수 있도록 그 위에 동그라미를 그려둘 수도 있다. 실제적인 지침이나 행동 요령 앞에는 각각 네모 칸(□)을 만들어놓았다. 실제로 활용하고 싶은 아이디어에 표시를 해둘 수 있게 한 것이다. 이 책에 실린 몇 가지 아이디어들은 부모와 자녀의 관계 속에서 최고의 해결사로서 그 진가를 발휘하게 될 것이다. 또 이 원칙들은 부모 - 자녀의 관계와 비슷한 여러 가지 관계들에도 잘 적용될 수 있다. 우리는 가장 자연스럽게 느껴지는 것에 민감할 필요가 있다.

끝으로, 이 책의 부록은 자녀들의 성장 과정을 일목 요연하게 도식화할 수 있는 효과적인 방법을 제시하고 있다. 이 분야는 그 동안 상당한 진전이 이루어졌지만 아직도 개발의 여지가 많은 영역이다. 부록은 이 책에서 다루고 있는 40개의 기술, 태도, 가치 기준에 대한 일종의 점검표이다. 점검표 꼭대기에 자녀의 이름을 쓰라.

각 장의 제목 앞쪽에 마련해놓은 빈 칸을 활용해서 우선 순위를 세운 다음, 당신이 지금 관심을 가지고 있는 2~3개 분야를 골라 사선(/)을 그어 표시하라. 각 장의 주제와 관련해서 아이의 현재 수준을 판단한 뒤 오른쪽에 나오는 숫자 가운데 적절한 자리를 찾아 ○표를 하라. 일주일 또는 한 달 단위로 자녀의 성장을 기록하라. 또 자녀들이 하나의 영역을 잘 마스터하면 과정을 완전히 이수했다는 뜻으로 처음 그었던 표시 위에 반대 방향으로 사선을 그어 ×자가 되게 하라. 그런 후에 다음 과정으로 넘어가라.

이 모든 과정들이 너무 복잡하거나 틀에 매여 있어서 직접 적용할 수 없겠다는 생각이 들면 무시해버려도 좋다. 그렇지 않고 이 점검표가 마음에 든다면 그대로 실천하라. 한 달 또는 일년이라는 세월은 눈에 보이지 않는 일주일들이 모여서 이루어진 것이다. 이처럼 눈에 잘 띄지 않으면서도 꾸준히 계속되는 자녀의 성장에 항상 신경을 곤두세우는 것이 중요하다. 성장 과정에서 아이의 잘못된 점을 찾아 고치는 것이 어른이 된 다음에 바로잡으려는 것보다 훨씬 더 쉽기 때문이다.

아울러 이 책에 제시된 방법에 따라 아이의 중요한 결함들을 찾아내서 부모로서 내려야 할 처방들을 내렸다는 사실 자체가, 헌신된 부모들을 곧잘 괴롭히는 죄책감에 빠지지 않도록 부모들을 지켜주는 최선의 방어책이 된다.

이제 본론에 들어가기 전에 준비된 부모들이 항상 되새겨야 할 여섯 가지 사실을 생각해보자.

☐ **사실 1** : 결국 선택은 아이가 해야 한다. "마땅히 행할 길을 자녀에게 가르치라 그리하면 늙어도 그것을 떠나지 아니하리라"(잠 22:6). 이 말

씀은 하나님의 약속이지만 자녀들이 자기 뜻대로 무언가를 할 수 있는 자유를 꽁꽁 잡아 묶어두는 자물쇠는 아니다.

아이들이라면 누구나 부모를 실망시킬 가능성이 있다. 자녀들이 점점 자랄수록 그럴 공산이 더 커진다. 그러나 항상 주의를 기울이고, 빈틈없이 일을 처리하며, 늘 자녀와 대화하고 기도에 힘쓰는 부모라면 실망보다는 기쁨을 훨씬 자주 경험하게 될 것이다. 부모가 하나님과 얼마나 동행하고 있으며 얼마나 그분을 신뢰하느냐에 따라, 자녀의 자존감을 키워주는 교육이 뿌리내릴 수 있는지의 여부가 결정된다는 점이 중요하다. 아이를 얼마나 잘 키웠는가를 단순히 자녀가 당신이 좋아하는 일을 얼만큼이나 해주느냐로 판단하지 말라.

□ 사실 2 : 여태까지는 대부분 실패했다는 판단이 설지라도 올바른 행동을 하기에 너무 늦은 것은 아니다. 이것이 바로 하나님의 놀라운 은혜이다. 극악 무도한 죄인일지라도 용서받고 새출발할 수 있는 것이다. 물론 문제의 소지가 전혀 없는 부모가 더 좋다는 것은 분명한 사실이다. 그리고 오랫동안 치료하지 않고 방치해둔 몇 가지 문제들은 대단한 노력과 열렬한 기도로도 고칠 수 없는 것처럼 보이기도 한다. 그러나 전능하신 하나님의 손길이 미치지 못하는 문제는 세상에 없다. 절대로 포기하지 말아야 할 까닭이 바로 여기에 있는 것이다.

□ 사실 3 : 모범(본)을 보여주는 것이 무엇보다도 중요하다. 모범을 보일 수만 있다면 부모들은 자신의 사회적인 지위를 떠나, 무슨 손해를 입든지 이 원칙을 지키려고 애써야 한다. 말과 삶이 제각각이 되고 언행이 일치하지 않아도 무방하며, 이중 장부를 써도 아무 탈이 없는 세상이라면 모르긴 몰라도 우리는 정신 착란증에 걸리고 말 것이다. 본을 보인다는 것

은 아주 까다로운 일이지만 그보다 더 영향력 있는 선생은 없다. 만일 당신이 소중하게 여기는 진리들을 자녀들의 마음 깊이 새겨주려면 당신 스스로가 그 모델이 되어야 한다.

□사실 4 : 부모는 독불 장군일 수 없다. 다른 모든 분야에서와 마찬가지로 자녀 양육에 있어서도 '그리스도의 지체(the body of Christ)' 라는 원리가 적용된다. 자녀가 성장함에 따라 특별한 은사를 가졌거나 영향을 미칠 만한 위치에 있는 또 다른 어른들이 나타나, 당신이 채워줄 수 없는 방법으로 아이들에게 진리를 나타내 보여주게 된다. 이것을 위협으로 생각해서는 안 된다. 오히려 자녀들에게 당신이 인정하는 다른 어른들과 접촉할 기회를 만들어줌으로써 주도권을 잡으라. 그런 사람들에게 "우리 아이들이 배웠으면 좋겠다"고 생각하는 것들을 가르쳐달라고 부탁하고 그들이 적극적으로 나서도록 격려해주라. 모든 기회를 제공하라.

□사실 5 : 뛰어난 자녀 양육 기술보다 훌륭한 결혼 생활이 아이에게는 더 소중하다. 아이들이 얼마나 안정감을 가질 수 있느냐는, 부모가 쏟는 사랑의 양이 아니라 엄마와 아빠가 얼마나 사랑한다고 느끼느냐에 따라 달라진다.

언젠가 스스로 가정을 이루게 될 자녀들에게 부모가 이혼하는 꼴을 보여주는 대신, 한 남자와 한 여자가 함께 어울려 살아가면서 가시밭길 인생의 모든 어려움을 헤쳐나가며, 깊이 사랑하고 존경하는 본보기를 보여주는 것보다 더 중요한 것은 세상에 없다.

물론 하나님께서 은혜로 실수를 덮어주시기는 하지만 아픈 상처는 쉽게 사라지지 않는다.

□사실 6 : 아이들은 어른보다 더 쉽게, 그리고 완벽하게 용서하고 잊어

버린다. 부모와 자녀 사이에는 관계를 껄끄럽게 만들 수 있는 여러 가지 부정적인 일들이 끊임없이 생기기 마련이다. 그러나 바르고 훌륭한 엄마 아빠가 되려는 부모들의 소원을 아이들이 알게 되면 서로 치명적인 상처를 입지 않으면서도 많은 시행 착오들을 극복해나갈 수 있다. 부모로서 무슨 말을 입 밖에 냈으면 말한 것을 몸으로 실천하라. 할 수 있는 한 진심으로, 미적거리지 말고 "미안하다"고 말하라.

위에 열거한 여섯 가지 사실들 앞에 네모 칸을 붙여둔 까닭은 무엇일까? 좀더 자격 있는 엄마 아빠가 되기 위해서 꼭 기억해야 되겠다 싶은 사실에 표시를 남길 수 있게 한 것이다. 부모는 물론 아이 자신도 스스로의 성장을 가로막을 수는 없다는 사실을 잊어서는 안 된다.

나이를 제법 먹고 난 뒤에야 비로소 '부모 노릇 잘하는 비결'을 깨닫게 된다는 사실은 납득하기 어려운 아이러니가 아닐 수 없다. 정작 부모 역할을 제대로 해낼 만큼 훈련이 되면, 이제는 별로 할 일이 없어지는 것이다. 그런 까닭에 부모는 자녀들에게 더욱 세심한 주의를 기울이고, 유머 감각을 잃지 않으며, 아이들이 보고 배울 만한 최선의 모델을 힘 닿는 데까지 제공해주어야 한다. 애쓴 만큼의 대가는 반드시 돌아온다. 궁극적으로 아이들은 우리가 하나님 앞에 가지고 나아갈 수 있는 유일한 재산이기 때문이다.

1부

기술

아이들이 붙들고 씨름하는
문제를 풀어주기보다 스스로 생각해보라고
말하는 경우가 너무나도 흔하다.
-로저 루인(Roger Lewin)-

현명해지기로 작정하는 그 순간,
이미 현명해지는 첫걸음을 떼어놓은 것이다.
지혜와 함께 상식과
바른 판단력을 키워라.

물질에 대한 책임, 이렇게 가르치라

 크리스천 부모는 자녀들에게 물질을 지혜롭게 관리하는 청지기직(stewardship)에 대해 반드시 가르쳐주어야 한다.

이 일은 돈 다루는 법을 가르치는 데서부터 시작하는 것이 좋다. 아이들에게 돈에 대해 가르치는 가장 좋은 방법 가운데 하나는 일정한 양의 용돈을 주는 것이다.

많은 부모들이 정해놓고 아이들에게 용돈을 주는 편이 아니다. 그 대신 무계획하고 불규칙적으로 아이들의 요구가 있을 때마다 돈을 준다. 이런 식으로는 아이들에게 물질 관리하는 법을 가르칠 수 없다. 아이들은 끊임없이 돈을 달라고 조를 것이고, 부모는 그 때마다 아이의 요구가 합당한 것인지 아니면 거절해야 할 것인지를 즉시 결정해야 한다.

정기적으로 용돈을 주면 이런 고민을 피할 수 있다. 하지만 어떤 식으로 용돈을 주는 게 가장 좋으냐에 대해서는 의견이 큰 폭으로 엇갈린다. 어떤 부모는 반드시 자질구레한 집안일을 시키고 그 대가로 용돈을 준다. 또 어떤 부모들은 정기적으로 용돈을 주기는 하지만, 아이가 잘못을 저질렀을 때는 그 벌로 액수를 깎아버린다. 그러나 대부분의 부모들은 이런 식으로 용돈을 주면 아이들이 오직 용돈을 타기 위해서 말을 잘 듣게 되며, 집안일을 가족의 한 사람으로서 마땅히 해야 할 의무가 아니라 보상이 따르는 노동으로 파악하게 만들 우려가 있다는 사실을 잘 알고 있다. 더구나 불규칙적으로 용돈을 주면 아이들에게 예산을 세우고 수입을 쪼개어 저축하는 방법을 가르쳐줄 수 없게 된다.

또 다른 부류의 부모들은 아무 조건도 달지 않고 용돈을 주지만 액수를 고정시킨다. 이런 방식은 아이들에게 예산 세우기를 가르치는 데는 더할 나위 없이 좋지만, 일과 보상 사이의 상관 관계를 가르치기엔 미흡한 점이 없지 않다.

아마도 가장 좋은 접근 방법은 앞의 두 가지 방식을 절충하는 것일 게다. 아이들에게 정기적으로 일정한 용돈을 주되 필수적인 고정 지출에 대한 예산을 반드시 짜게 하고, 거기에다 자기 판단에 따라 쓸 수 있는 약간의 가욋돈을 더 얹어준다. 이 용돈은 전체 가계 수입 가운데서 아이가 단지 가족의 일원이라는 이유만으로 차지하는 몫(share)이다.

이와 함께 집안 일을 돌보는 기본적인 책임을 다하도록 요구한다. 만일 제 할 일을 다하지 않았다면 곧바로 용돈을 줄이는 벌을 주라. 반면에 잔디를 깎는다든가 자동차를 닦는 일처럼 보통 사람을 사서 시키는 일을 아이가 했을 경우, 추가로 용돈을 주라. 이런 특별 수입은 일과 수입 사이의 상관 관계를 가르쳐주며, 아이는 그 돈을 기본적인 지출이 아니라 제가 하고 싶은 '재미있는' 일을 하는 데 쓸 수 있을 것이다.

물질에 대해 확고한 책임 의식과 가치 기준을 세우는 데 있어서 용돈이 얼마만큼의 효과를 나타내느냐는, 아이들에게 주는 용돈의 양과 부모가 그 돈의 쓸 곳을 어디까지로 잡아주느냐에 달려 있다.

여기에 몇 가지 원칙을 제시해보고자 한다.

■ 부모들 자신이 돈을 다루는 방법을 한 번 보여주는 것이 백 마디 말보다 낫다.

■ 용돈은 정기적으로, 제 날짜에, 아무런 토를 달지 말고 주어야 한다. '제 날짜에 용돈 주기'는 돈 쓰는 요령을 가르치는 열쇠이다.

■ 액수의 변동이 거의 없어야 한다. 금액을 깎거나 늘이지 않아야 아이가 수입과 지출의 균형을 맞추는 법을 배울 수 있다.

■ 용돈의 규모는 아이가 그 돈으로 하고자 하는 일을 토대로 나이, 준비성, 쓸 곳, 그리고 가정 환경 등을 고려해서 결정한다.

■ 아이가 '즐기는 데' 필요한 돈을 계산에 넣어주면 현명하게 선택해서 지출하는 법을 배우게 된다.

■ 부모는 집안의 규칙과 가치 기준에 따라 지출을 관리하기 위해 약간의 통제를 가할 권리가 있다.

■ 아이와 함께하지 못하는 시간을 벌충하기 위해서, 또는 아이의 '환심'을 사기 위해서 용돈을 주어서는 안 된다.

다음은 아이들이 물질에 대한 책임 의식을 배울 수 있도록 도와주는 방법들이다.

□ 미취학 아동들의 경우 가게 놀이를 하면서 10원짜리, 100원짜리, 500원짜리 동전의 차이를 깨달을 수 있도록 도와주는 일에서부터 시작하라. 아무때고 부모와 함께 가게에 가서 물건을 살 수 있도록 잔돈 몇 푼을 주면 아이는 돈이 교환 수단이라는 사실을 알게 된다.

ㅁ초등학교 저학년 아이들은 점심 값이나 치약, 식구들 선물, 양말 따위의 물건에 쓰이는 돈을 다룰 수 있게 된다. 먼저 반드시 십일조를 떼는 것이 얼마나 중요한 일인지 가르쳐야 한다. 그리고 자기 마음대로 쓸 수 있는 비용뿐만 아니라 고정적으로 지출되는 비용의 항목들을 지출 계획표에 써넣을 수 있도록 도와주라. 또 얼마쯤은 적금할 몫으로 꼭꼭 떼어 놓게 하라. 적금 기간은 긴 것이 바람직하다.

ㅁ일곱 살 내지 아홉 살 정도가 되면 아이들은 대부분 지출 계획표를 써서 일주일 동안 용돈을 관리할 수 있는 능력을 갖추기 시작한다. 마음대로 쓸 수 있는 돈, 또는 저축한 돈으로 어떤 물건을 사느냐 하는 것은 재정 운용 훈련에 더없이 중요하다. 아이들은 나이를 먹어가면서 더 많은 물건을 구입하기 위해 그만큼 많이 저금할 줄 알게 된다. 몇 차례쯤 저금한 돈을 형편없는 일에 낭비해버리고 나면 가치에 대한 가격의 중요성을 금방 배우게 될 것이다. 자녀들이 어렵게 배우게 내버려두라. 아이가 골탕을 먹더라도 도와주지 말라. "그것 봐라, 내가 뭐라든!" 하는 말이 나오려고 하거든 혀를 깨물고라도 참으라.

ㅁ철없는 꼬마들까지 온 가족이 함께 모여 집안 살림에 대해 이야기하면, 아이들에게 부모가 무제한으로 돈을 벌어들이는 것이 아니며, 어디에다 먼저 돈을 써야 할지 결정하기가 몹시 까다롭다는 사실을 잘 가르쳐줄 수 있다. 또 이런 가족 회의는 세금, 보험, 사회 보장, 신용 카드 따위에 대해서 알려줄 수 있는 좋은 기회가 된다. 새 차를 살 것인가, 아니면 그 돈으로 방을 고칠 것인가를 결정하는 데 아이들도 한 몫 끼게 하라. 그렇게 한다고 해서 아이들이 경제적으로 곤란을 느껴서 어깨가 무거워지지도 않을 뿐더러, 돈을 쓰는 데 죄책감을 느끼지도 않는다는 것은 두말할

필요조차 없다.

　□아이가 점점 자랄수록 그들에게도 돈이 필요해진다는 사실을 잊어서는 안 된다. 일년에 두 차례씩 용돈을 조정하는 것도 좋은 방법이다. 아이가 십대에 들어서면 집 밖에 나가서 일거리를 찾아보도록 격려해주고, 그렇게 일해서 생긴 수입만큼 용돈을 줄여서 아이의 예산이 늘 균형을 이루게 하라. 또 목돈이 드는 물건(컴퓨터처럼)을 구입할 때 힘 닿는 대로 돕게 할 수도 있고, 아이의 동의를 받아 절반은 저금하게 하고 절반은 내어줌으로써 저축하는 훈련을 시킬 수도 있다.

　그러나 용돈과 관련된 자질구레한 사항들을 다루면서 꼭 기억해야 할 것은, 아이들에게 돈에 대하여 가르치는 가장 좋은 교육 방법은 부모가 본을 보이는 것이라는 사실이다. 아이에게 가르치고자 하는 우선 순위, 가치 기준, 크리스천의 청지기직 등에 대해 당신은 몸소 모범을 보이고 있는가?

2
바른 의사 결정을 하도록 격려하라

오늘 우리가 내리는 결정은 부모님 슬하에서 자라던 열여섯, 열일곱 살 시절에 형성된 자아 개념(self-concept)에 뿌리박고 있다는 사실을 당신은 아는가? 다른 사람들과의 관계 속에서 자신의 성취 능력을 어떻게 보고 있는가는 한 사람의 결정 과정을 본질적으로 좌우하게 된다.

그런 까닭에, 아이들에게 현명한 결정을 내리는 법을 가르치려면 결정 과정을 구체적으로 일러주는 것과 자기 능력에 대한 건전한 자아상을 키워가도록 돌보아주는 것 모두가 필요하다.

의사 결정(decision-making) 체계는 내리고자 하는 결정의 한계를 분명히 하고, 가장 적합한 방안을 골라내며, 그 결과를 받아들이고 평가하는 등의 과정을 기본적으로 포함하고 있다. 부모된 우리가 해야 할 일은 아이들이 이런 과정을 이끌어가는 능력을 키울 수 있도록 모범(본)을 보여주고, 방향을 제시하며, 뒤를 밀어주는 일이다. 세부적인 일은 아이가 나이를 먹어감에 따라 변할 수도 있다.

□아직 학교에 들어가지 않은 아이는 부모를 하나님 보듯 한다. 하지

만 부모가 독재자로 변하지 않고 그저 안내자가 되어주었으면 하고 바란다. 부모는 아이의 의사 결정 과정 가운데 한계를 정하고 적합한 방안을 골라내는 두 가지 측면 모두를 이끌어주어야 한다. 아이가 결과를 확실하게 이해하고 이번 결정을 통해 배운 바를 적용하기 시작할 때 눈부신 성장을 이루게 될 것이다. 예를 들어서, 부모는 비가 오는 날 또는 날씨가 추운 날 아이가 신발 두 켤레 가운데 어느 것을 신어야 할지 결정하도록 도와줄 수 있다는 말이다.

▫ 아이가 어릴 때(6~8세)는 부모를 우상으로 삼고 그대로 흉내내려고 한다. 이맘때쯤이면 아이들이 선택 과정(selection process)에 끼어드는 경우가 늘어난다. 부모는 아이가 일정한 과제를 완전히 마스터하는 한편, 과거에 내렸던 결정을 참조해서 좋은 선택을 하는 방식을 개발하도록 도와줄 수 있다. 학교 수업이 끝난 뒤에 어떻게 시간을 보낼 것인가 선택하는 과정은 의사 결정 연습을 할 수 있는 좋은 기회가 된다.

▫ 아이가 아홉 살에서 열두 살 사이에 이르면, 아빠 엄마에게도 강한 면과 약한 면이 모두 다 있음을 눈치채기 시작한다. 이 무렵에는 개인 생활과 교우 관계가 점점 더 아이의 관심을 끌게 된다. 그러므로 가족 단위로 무슨 일을 할 때 아이의 친구들을 불러들이도록 노력하라. 이 또래의 아이들에게 어떤 일에 관한 대안을 제시하고 그 결과를 예측해보게 함으로써 의사 결정 기술이 획기적으로 신장되도록 도와주라. 부모는 아이의 성숙도와 지적인 수준에 맞추어 생각의 실마리를 풀어주는 선에서 자기 의견을 말해야 한다. 좀더 복잡한 결정을 내릴 때는 종이에다 대차 대조표 작성하는 요령을 가르쳐주는 것도 좋은 훈련이 된다.

1. 무엇을 결정해야 할지 분명히 하라.

2. 어떤 선택의 여지가 있는지 추정해보라. 선택 가능한 모든 방안을 고려하라. 대안이 너무 명백하더라도 그것을 능가하는 보다 창조적인 해결 방안을 찾아보라. 여기서 아이디어를 어떤 방식으로 끄집어냈느냐는 무시하라. 이 시간은 머리 속에 있는 생각들을 마구잡이로 꺼내놓는 시간이다. 가끔 터무니없는 생각이 결국 현실화되는 경우도 있다. 모든 아이디어는 문서로 남기라.

3. 대안 하나하나의 강점과 취약점을 생각하라. 이제 대차 대조표를 적어보고 어느 것이 실현 가능하고 어느 것이 비현실적인지 결정해야 한다. 각 대안을 선택했을 때 일어날 수 있는 모든 결과에 대해 낱낱이 검토하라.

4. 가장 합당한 대안 하나를 선택하라. 처음 선택한 것이 쓸모없게 되면 처음과 똑같은 방법으로 두 번째 대안을 선택하라.

5. 결정한 대안대로 실행하라.

6. 결과가 나오면 잘잘못을 평가하라. 이번 선택이 잘한 것인지 아닌지, 또다시 선택의 기회가 주어진다면 다음에도 같은 결정을 내릴 것인지 아닌지 판단하라.

위에서 열거한 여섯 가지 과정에 덧붙여 조이 베리(Joy Berry)는 결정을 내릴 때마다 아이들이 명심해야 할 세 가지 지침을 제시하고 있다.

1. 하나님의 사랑을 나타내보이기 위해 할 수 있는 한 모든 일을 하라.
2. 자기 자신을 돌보기 위해 할 수 있는 한 모든 일을 하라.

3. 다른 사람에게 관심을 나타내기 위해 할 수 있는 한 모든 일을 하라.

아이들의 의사 결정 과정과 문제 해결 과정에 도움이 될 만한 탁월한 책이 필요하면 조이 베리(Joy Berry)가 쓴 「결심(Making up Your Own Mind)」(Word 출판사, 1978년 발행)을 보라.

□사춘기의 아이들은 종종 반항적인 태도와 흥분 상태를 나타낸다. 자신을 다시 규정하기 위해 씨름하는 아이를 도와주라. 아이들에게 역할을 강조하기보다는 살아가는 데 필요한 기술을 습득하고 잠재적인 능력을 계발하도록 격려하라. 부모는 십대 자녀가 내린 결정이 얼마나 우수한 것이었는지를 따져보는 대신 정말 필요한 결정이었는지를 분명히 밝히는 데 관심의 초점을 맞추어야 한다. 잘못된 결정이 빚어낸 결과에 대해서는 자녀 스스로 당당히 맞서게 하는 것이 부모가 힘주어 설득하는 것보다 더 건설적이다. 다음 단계는 완전한 독립이다.

□어느 연령대에서도 실시할 수 있는 좋은 훈련이 바로 "만약에 ~한 일이 생긴다면" 하고 가정하는 역할극이다. 먼저 어떤 상황을 가정한다. 흔히 일어나는 일이어도 좋고 특별한 일이어도 상관없다. "네게 이런 일이 일어났다면 어떻게 하는 게 좋겠니?" 하고 묻는다. 그 뒤로는 함께 의사 결정 과정을 밟는다.

다음과 같은 상황들을 한번 가정해서 질문을 던져보자. 버스를 타고 가다가 내려야 할 정류장을 지나치고 말았다. 아주 낯선 곳에 내렸는데 주머니엔 집에 전화를 걸 동전 한 푼조차 없다면 넌 어떻게 하겠니? 또는 제일 친한 친구가 수학 시험을 볼 때 답을 좀 보여달라고 하면 어떻게 하겠니? 누가 네게 와서 결혼하자고 하면 어떻게 하겠니? 고등학교를 졸업하고 대학을 선택해야 한다면 어떻게 하겠니?

결정 내리는 법을 익히는 과정에서 아이에게 단계를 뛰어넘도록 강요해서도 안 되고 부추겨서도 안 된다. 그렇게 해봐야 아이는 실패를 맛보게 될 뿐이고 훗날 그 과정을 다시 밟아야 한다. 가정에서 부모는 결론에 접근하는 방식에 있어서 바람직한 모범을 보여주어야 한다. 아이들이 지금 지켜보고 있다. 실수는 인정하고 성공은 함께 기뻐하라. 부모의 역할에는 아무런 보수가 따르지 않는다는 사실을 명심하라.

3
시간 관리의 기술을 전수하라

아이들에게 가르쳐야 할 일들의 우선 순위를 정할 때 부모들은 아마 '시간 관리하는 법'을 제일 첫째 줄에 넣을 것이다. 물론 시간 관리라는 항목이 우선 순위 목록에 들어 있을 경우의 얘기지만, 빠질 가능성은 거의 없다.

어른들은 대부분 시간 관리하는 습관을 잘 들이는 것이 삶을 즐겁고 보람 있게 가꿀 여유 시간을 만들어내는 열쇠라는 사실을 알고 있다. 어른뿐만 아니라 아이에게도 이것은 틀림없는 사실이다. 방을 정리하고, 집안의 잡다한 허드렛일을 하고, 숙제를 끝내고, 그밖의 '주어진 일들(givens)'을 해치우는 데 드는 시간을 효율적으로 사용할수록 취미 생활을 즐기고, 책을 읽고, 친구와 놀러가는 등 삶을 풍성하게 만들어주는 온갖 일들을 할 수 있는 시간이 더 늘어나는 것이다.

■아이들을 도와줄 때 잊지 말아야 할 것은, 시간 관리와 책임 의식을 다른 사람에 비해 쉽게 받아들이지 못하는 아이가 있다는 사실이다. 아이의 능력으로 감당할 수 있는 어느 수준에서 다음 단계로 넘어갈 때는 특별히 신경을 써야 한다.

■ 우선 순위 설정은 시간 관리의 핵심이다. 아이들을 포함해서 자기가 하고 싶은 일을 다 할 수 있을 만큼 시간이 넉넉한 사람은 별로 없다. 결국 시간 활용을 결정할 때 가치 판단이 중요한 역할을 하게 된다. 아이가 좋은 선택을 하는 방안을 차츰차츰 마련해가도록 도와주는 것이 중요하다. 아이는 자기가 실천하는 만큼 좋은 것을 얻게 될 것이다.

다음은 각 연령대에 맞춘 몇 가지 실제적인 제안들이다.

□ 아직 학교에 들어가지 않은 아이들이 시간을 관리하는 능력이나 욕구가 대단히 제한적임은 부인할 수 없는 사실이다. 아무 걱정할 게 없는 이 나이에서는 시간에 대한 압박감으로 마음이 산란해지는 법이 없다. 아이의 시간 개념은 서서히 자란다. 날(day)이나 시·분보다는 흔히 할아버지 할머니 오시려면 '몇 밤' 남았다는 말을 써서 시간을 잰다.

□ 아이가 준비를 갖추었다고 생각되면, 자명종 시계를 일정한 시간에 맞추어놓고 그 시간 안에 뜀박질해서 장난감을 집어오게 하거나 잔심부름을 하게 함으로써 효과적으로 시간 감각을 익히게 하라. 만일 아이가 제대로 해내지 못하는 경우가 너무 잦으면, 마지막 일 분까지 최선을 다하게 하고 실망하지 않도록 도와주라.

□ 마당 청소처럼 온 가족이 함께 하는 일은 아이에게 시간의 길이에 대한 감각을 심어주는 좋은 수단이 될 수 있다. 일을 끝마치는 제한 시간을 정해놓고 만일 그 시간 안에 청소를 다 해치우면 온 가족이 같이 즐길 수 있는 상을 주겠다고 약속하라. 이런 식으로 일하는 목적이 어디에 있는지 분명하게 알려서 모든 식구들이 속도를 조절해가면서 아이가 얼마

나 잘 해내는지 지켜보게 하라.
　□초등학교에 다닐 나이가 되면 아이들은 대부분 시간을 말할 줄 알게 되며 손목에 찬 싸구려 시계를 활용할 줄 알게 된다. 아이 방에 화려한 달력을 걸어주는 것은 좀더 큰 단위의 시간 개념을 이해하는 데 보탬이 된다. 아이가 학교에 다니는 기간에는 일주일 단위로 하루하루를 시간별로 볼 수 있는 도표를 짜게 하라. 그리고 일주일 내내 어떻게 시간을 보냈는지 그 표에 기록하게 하라. 주말에는 한 가지 일을 하는 데 소요한 시간의 양을 모두 다 합산하게 하라.

　다음, 그 도표를 보면서 시간을 어떻게 썼는지 꼼꼼하게 관찰하게 하라. 아이에게 다음과 같이 질문하고 답변을 들으라.

　1. 이번 주간에는 무슨 일을 하는 데 가장 많은 시간을 소모했는가? 시간을 가장 적게 들인 일은 무엇인가?
　2. 비교적 시간이 많이 드는 일은 무엇인가? 비교적 시간이 조금 드는 일은 무엇인가?
　3. 하고 싶었던 일과 하기 싫었던 일은 각각 무엇인가?
　4. 하고 싶은 일을 할 수 있을 만큼 여유 시간이 넉넉했는가?
　5. 시간 사용 방법에 대해 만족하는가?
　이제 종이 위에 학교에 다녀와서 매일 저녁 잠들 때까지 어떻게 시간을 보낼지에 대해 아이의 우선 순위와 목표들을 고려해서 대충 계획을 잡으라. 아이와 함께 숙제 시간, 잔심부름하는 시간, 음악 공부하는 시간, 그밖의 다른 필요한 일이나 꼭 해야 할 일들을 처리하는 시간들을 정하

라. 아이는 금새 '주어진' 일들을 효율적으로 해치우는 것이 원하는 일에 마음대로 시간을 쓸 수 있는 열쇠가 된다는 사실을 발견하게 될 것이다.

□ 여름 방학이 되면 아이에게 하고 싶은 일, 배우고 싶은 것, 따라잡고 싶은 친구, 읽고 싶은 책, 그밖에 마음속으로 이루고자 하는 목표들의 목록을 작성해보라고 권하라. 그리고 아이에게 달력을 하나 주어서 여름 방학 전기간에 걸쳐 그 목표 하나하나마다 일정한 기간을 할당하게 하라. 여유 시간을 많이 주라. 이제 하루하루 지나갈 때마다 달력에 가위표를 해나가다보면 시간 관리 계획이 목표에 잘 부합되는지, 아니면 어긋나고 있는지 알 수 있게 될 것이다.

□ "아이가 실패하면 어떻게 하나" 하는 부담을 갖지 않도록 조심하라. 아이가 시간을 끊임없이 낭비하고 있다는 생각이 들면, 처음에 세웠던 목표들을 부드럽게 상기시켜주는 것이 좋다. 목표를 달성했을 때 상을 주면 중간에 포기하려는 생각이 들 때 도움이 된다. 아이를 고무하는 또 다른 방법은 두서너 명으로 팀을 짜주어서 개인적인 목표나 집단적인 목표에 도달하도록 서로 돕게 하는 것이다. 성취의 체험만큼 발전하는 느낌과 자존감을 심어주는 것도 별로 없다.

□ 아이가 십대 문턱에 들어서거나 사춘기가 되면 시간 관리 기술은 더욱 중요하고 까다로워진다. 이때는 기본적인 주간 활동 계획 및 의무 이행 계획을 세우는 게 중요하다. 계획을 세울 때는 우선 순위를 신중하게 고려해야 하며 일과 휴식, 사회적인 발달과 영적인 발달이 각각 균형을 이루어야 한다. 아이에게 시험을 준비하는 시간 계획과 학교에 제출할 숙제를 하는 시간 계획을 세우는 요령을 가르치라. 주어진 짧은 시간을 가

장 잘 활용할 수 있는 계획을 세우는 것은 시간을 허송하거나 우물쭈물 흘려보내려는 유혹을 이겨내는 데 도움이 된다.

▫ 부모는 십대 자녀가 장기간 활용 전략을 세우는 것을 도와줄 수도 있다. 원대한 꿈을 이루기 위해 주간, 월간, 연간 계획에 대해 함께 이야기하라.

시간을 관리하는 기술을 잘 전수하려면 부모가 자신이 가르치는 것의 본보기가 되어야 한다는 점을 명심하라. 시간은 창고에 쌓아둘 수 없다. 그러므로 시간의 소중함과 적절한 관리 방법을 지금 당장 가르치기 시작하라.

4
친구 사귀는 기술을 가르치라

 세상을 살아가는 데 없어서는 안 될 기술 중에, 좋은 교분을 맺고 우정을 두텁게 하는 방법을 깨닫는 일만큼 중요한 것도 별로 없다. 그 대상이 하나님이든 우리와 부대끼며 사는 사람이든 간에 우정이야말로 자족감과 행복한 삶을 빚어내는 재료가 된다. 우정은 한 사람의 성장 발달에 지대한 영향을 미치며, 가족을 강하게 결합시키는 접착제 구실을 한다.

하지만 친구를 만나서 사귀는 기술을 어떤 말로 묘사할 수 있을까? 또 자녀들에게는 어떻게 그 기술들을 가르쳐줄 수 있을까? 사회학적인 조사에서도 나타나지만 상식적으로도 아이들은 주로 부모가 하는 방식대로 친구 관계를 시작하기 마련이다. 아이들은 엄마와 아빠가 서로를 어떻게 대접하며 또 상대에 대해 어떻게 반응하는가를 관찰하고 그 속에서 우정의 속성을 배우게 된다. 우리는 갈등을 어떻게 처리하며 기쁨은 또 어떻게 표현하는가? 자녀들은 엄마 아빠를 가장 좋은 친구로 여기고 있는가?

그러나 모범을 보여주는 것만이 자녀에게 우정을 가르치는 유일한 방법은 아니다. 여기 몇 가지 다른 방법들이 있다.

ㅁ한 살에서 여섯 살까지는 부모, 특히 엄마로부터 벗어나서 건강한 독립감을 느껴보려고 끊임없이 애쓰는 시기이다. 이 무렵의 아이들은 자기 자신과 주변 환경에 대해 완벽하게 파악하는 일에 초점을 둔다. 친구는 그저 '나란히 걷고는 있지만 나와는 상관없는' 어떤 존재로 보인다. 이 사실은 다른 사람에 대한 관심은 아예 무시해버리는 경우가 종종 있는 것만 보아도 알 수 있다. 이러한 자기 중심적인 태도는 점차 다른 사람들에 대한 관심으로 바뀌게 된다.

ㅁ아직 학교에 들어가지 않은 다섯 살부터 여섯 살까지는 아이가 가지고 태어난 기질에 대하여 어떻게 반응하면 좋은가를 배울 수 있는 아주 훌륭한 실험 기간이다. 부모는 역동적으로 이 과정에 개입할 수 있다. 너댓 살 된 자녀와 그 또래 친구 두엇을 데리고 나들이를 나가라. 그곳에서 자녀가 말과 행동을 통해서 이기적인 태도를 보이는지 주의 깊게 살펴보라. 그리고 부드럽게, 긍정적인 방법으로 "이렇게 하면 어떨까?" 하는 대안을 제시하라. 이 나이에는 놀이라는 수단이 좋은 친구를 사귀는 기술을 배우는 데 주요한 실마리가 될 수도 있다.

ㅁ무슨 일이든 스스로 하는 데 적응해갈수록 다른 사람에 대한 애정도 커진다. 자녀가 초등학교에 다닐 동안에는 친구에 대한 이야기를 자주 나누어야 한다. 아이가 좋아하는 친구나 좋아하는 일에 대하여 기탄 없이 털어놓도록 도와주라. 좋은 친구들이 등장하는 무용담을 꾸며 들려주거나 그림을 그려주라. 그리고 이제부터는 나쁜 친구들을 사귐으로써 일어날 수 있는 좋지 못한 결과에 대하여 일러주기 시작하라.

ㅁ협동 경기를 하면 꼭 필요한 기술을 배우는 데 도움이 된다. 온 식구가 나들이를 나갈 때나 저녁 식사를 할 때 친구들을 부르는 것도 좋다. 아

이를 데리고 가게에 가서 친구의 생일 선물을 골라주거나 또는 아이가 장난감, 게임 도구, 공예품 따위를 만들어 선물하도록 도와주라. 함께 물건을 고르고 일하면서 알고 있는 여러 종류의 사람들에 대하여 부모가 가지고 있는 느낌을 말해주라. 식구들에 대해서도 이야기하고 그밖의 사람들에 대해서도 이야기하라.

□ 아홉 살부터 열두 살 사이의 아이들에서는 관계에 대한 관심의 초점이 동성 친구들과 가족 이외의 어른들로 옮겨진다. 이 '놀이 친구들'은 아이에게 소속감을 가르쳐주며 "나도 한 몫 할 수 있다"는 확신을 심어준다. 스카우트(scout)나 다른 아동 조직들도 어떤 집단에 소속하고자 하는 아이들의 욕망을 건전하게 발산시켜준다.

□ 이 시기에 부모는 나들이, 파자마 파티(slumber party - 10대 소년들이 잠옷 바람으로 밤새도록 노는 파티), 친구 집에 가서 자고 오기 등을 통하여 아이가 자신에 대해 더 잘 알고 자신감을 가질 수 있도록 도와줄 필요가 있다. 다른 가족이나 모임에 어울려 짧은 휴가를 보내는 것도 무척 재미있는 일이다. 홀로 서는 능력은 사춘기를 지나는 데 없어서는 안될 요소로서, 친구들 사이에서 누리는 인기를 바탕으로 형성된다. 친구를 가려 사귀는 일은 계속해서 추구해야 할 목표라고 하겠다.

□ 가끔 아이가 자신의 친구 관계를 다시 돌아보고, 좋지 않은 영향을 주는 친구와 사귀는 것을 억제할 수 있도록 도와줄 필요가 있다. 또 부모는 자녀가 친구를 잘 분별하고, 한편으로는 그다지 호감이 가지 않는 아이라도 자기 동아리에 받아들일 줄 알도록 가르쳐야 한다.

□ 이 기간 내내 부모는 친구들에게 따돌림 받은 자녀들의 피난처가 되어야 한다. 부모는 또한 다른 사람들에게 꾸준히 손을 내미는 모델이 되

어야 한다. 다른 사람에 대해 관심을 갖고 그의 말을 잘 들어주는 일, 남의 장점을 잘 찾아내서 칭찬해주는 일, 감정을 나누고 서로 신뢰하는 일 등 좋은 우정을 나누는 데 필수적인 조건들에 관하여 자녀들과 반드시 이야기를 나누라.

▫ 사춘기에 들어서면서 아이들은 처음에는 집단에 소속되고 인정받음으로써, 나중에는 개인적이고 독립적인 활동을 통해서 자기 자신에 대한 재평가 과정을 밟게 된다. 아이들이 점점 더 성숙해지는 이 시기에 부모들은 무조건적인 용납을 표현하고, 한 성인으로서 진정한 우정이 무엇인지를 몸소 보여줄 기회를 갖게 된다. 이때에는 다른 사람들에 대한 감정을 감추기 위해 쓰고 있던 가면을 벗어던지고 투명한(transparency) 태도로 임해야 한다.

▫ 부모의 생각과 자녀의 감정을 발산하는 기회를 가지라. 친구에게 기대하고 싶은 조건들에 대해 토의하고 목록을 작성해보라. 여기에 우선 순위를 매기고 그 목록에 따라서 지금 누리고 있는 친구 관계를 다시 한번 검토해보라. 우정에는 주는 측면과 받는 측면이 모두 다 들어 있음을 인정하라. 의사 소통, 충고, 칭찬, 신실성, 신용 등 핵심적인 우정의 조건들을 분명하게 드러내기에 서로 힘쓰라. 뿐만 아니라 질투, 두 친구 사이에서 어느 한 쪽을 택해야 하는 갈등, 사과, 친구의 죽음 등 유쾌하지 못한 친구 관계의 양상에 대해서도 이야기하라.

▫ 이런 관점에서 보았을 때 부모와 자녀가 진정한 친구 사이가 아니라면 이제 관계를 회복하는 절차를 밟으라. 이 과정은 참다운 겸손과 용서, 자기를 비우는 데서 시작된다. 잘못을 인정하고 사랑 안에서 진실을 토로하는 때가 친구 사이에서 가장 어려운 순간이다. 불행스럽게도 문제를 함

께 헤쳐나가기보다는 아예 관계를 끊어버리는 경우를 흔히 보게 되는데, 일단 치유가 시작되면 문제를 피하지 말고 정면으로 사실을 말하라.

친구를 사귀고 우정을 돈독하게 하는 자녀의 기술은 부모가 체험적으로 보여주고 가르쳐준 바에 따라 크게 좌우된다. 특히 아버지의 모범과 교육이 중요하다. 이것은 엄청난 부담임에 틀림없지만, 자녀를 진정한 친구로 삼을 수 있다는 그 달콤한 열매는 일생 동안 변함없이 지속되는 소중한 보배가 될 것이다.

5

정치적인 감각을 일깨우라

정치에 대하여 아이들에게 무엇을 가르칠 것인가? 사물을 보는 관점이 점차 다원화되고 정치인에 대한 의구심이 나날이 커져가는 이 시대에, 자녀들에게 우리 나라 정치 과정에 대한 참다운 이해를 진작시키고 정치가 제대로 돌아가는지 지켜보게 하는 것은 꼭 필요한 일이 아닐 수 없다. 비록 정치가는 아니지만 우리는 이 나라의 주권자이다. 그리고 이러한 기초 원리들을 가르치기에 지금보다 더 적합한 때가 또 어디 있겠는가?

건전한 정치적 소신의 핵심에는 나라를 걱정하는 우국 정신이 자리잡고 있다. 이 정신은 한 나라와 그 나라가 지니고 있는 인간의 자유와 존엄성에 대한 역사적 책임을 지속적으로 감시하고 평가하는 것을 말한다.

미국의 경우, 이것은 분명히 기독교의 유산이라고 말할 수 있다. 죠지 와싱턴(George Washington)은 "하나님과 성경 없이 이 세상을 바르게 다스린다는 것은 전혀 불가능하다"고 말한 바 있다. 기독교의 가치 기준은 미국을 처음 세운 사람들이 국가 조직의 틀을 잡는 데 토대로 삼았던 양식(good sense)을 구성하는 근간이 되었음에 틀림없다.

아울러 진정한 애국심은 자기 나라가 지난 날 잘못한 점이 없지 않았고, 지금도 모자라는 점이 있으며, 앞으로 또 어떤 함정에 빠지게 될지 알 수 없지만, 그런 잘못을 바로잡으려 한다는 사실을 인정해주는 것이다. 나라를 사랑한다는 것은 자기 나라를 더욱 정의롭고 따뜻하게 만들고 싶어한다는 뜻이며, 이것이 바로 우리 나라 정치의 흐름 속에 애국심이 자리잡아야 하는 까닭이기도 하다.

여기에 우리의 소중한 유산에 대한 관심과 그 유산을 능동적으로 지키고자 하는 열정을 키우는 방법이 있다.

▫현충일, 광복절 따위의 국경일에는 온 가족이 모여서 국기에 대해 경례하고 나라를 위해 기도하라. 특히 나라의 지도자들을 위해 간구하라.

▫이따금씩 가족들이 모여서 이야기를 나눌 때나 교회에 예배드리러 가는 길에, 신앙의 자유가 얼마나 소중한 것인지에 대해 말해주라. 기본적인 권리들이 보장되지 않는 나라에서 산다면 어떨까 하는 문제를 놓고 토론해보라.

▫우리 나라의 기틀을 잡은 위인들이나 위대한 지도자들에 대해 객관적으로 기술한 전기를 보여주라. 주인공을 무비판적으로 찬양한 책은 피하라. 허황된 전기는 나라의 큰 인물들을 오히려 불신하게 만들 뿐이다.

▫책이나 잡지, 그밖의 인쇄물들을 읽다가 부모가 옳다고 믿는 원칙이나 가치 기준을 잘 설명해놓은 부분이 있으면 오려내거나 복사하라. 이것을 스크랩북에 차곡차곡 넣어두었다가, 일년 중에 특별한 날들이 돌아오면 아이들과 함께 나누어보고 그 의미에 대하여 의견을 나누라. 스크랩북과 토론 두 가지 다 아이의 정신적인 재산 목록에 소중하게 기록될 것이다.

▢ 저녁 식사를 하면서 그 날의 뉴스를 가지고 대화하는 연습을 하라. 석간 신문 1면이나 텔레비전 저녁 뉴스를 요약해서 보고하도록 아이에게 숙제를 내주라. 아이가 요약한 것을 가져오면, 끊임없이 "왜?"라는 질문을 하라. 이것은 정보의 이면에 감추어진 사건의 근본적인 원인, 의미, 도덕적인 문제점, 역사적인 중요성 등을 아이들이 음미하는 데 도움이 될 것이다. 정부에 대한 태도에 있어서 서로 엇갈리는 시각들을 분류해주라. 보수와 자유 및 진보, 좌익과 우익, 민주당과 공화당 같은 호칭들의 의미에 대하여 이야기해주라. 그런 호칭들의 바닥을 흐르는 정치적인 관점에 따라서 기본적인 입장이 어떻게 달라지는지 살펴보라. 혹시 인간은 선하며 하나님 없이도 자기 문제를 풀어나갈 수 있다는 인본주의적인 관점에 뿌리박고 있지는 않은가? 아니면 인간은 원천적으로 악하며 궁극적인 문제 해결을 위해 정부가 할 수 있는 일은 제한적이라는 성경의 관점과 일치하는가?

▢ 편파적인 보도나 오보에 접했을 때는 아이로 하여금 그런 보도를 한 신문 편집자나 라디오 · 텔레비전 방송국 책임자에게 편지를 쓰게 하라. 어떤 사건에 대해 생각해보고 창의적인 대안을 마련하는 데 있어서 이런 훈련은 부모와 자녀의 마음을 동시에 가다듬어 준다.

▢ 시, 읍(면), 도, 또는 국가적인 차원에서 우리의 의견을 대변하도록 선출된 공무 담당자들의 이름을 재미있게 익힐 수 있는 방법을 개발하라. 「웃으면서 공부하기(Laugh & Grow)」시리즈(세런디퍼티 하우스 발행) 가운데 '우리 나라 놀이(My Country)'는 이 방면에 도움이 될 것이다.

▢ 아이가 정부의 통제가 필요한 까닭을 물으면, 공중 보건을 담당하는 부서나 공립 학교 제도, 또는 도로를 관리하는 기관이 없다면 어떤 일이

벌어질지에 대하여 이야기해주라. 이러한 혜택을 받을 수 없는 외국에 다녀온다든가 그런 나라에 대해 토론해보면 금새 우리 나라에 대한 존경심이 생긴다. 그러나 이와 함께 관료주의가 지나치게 강해지고 잘못 사용될 경우 어떤 결과가 생기는지에 관해서도 일러주라.

　□아이를 정치 집회에 데리고 가라. 집회가 끝난 뒤에는 거기서 무슨 일이 벌어졌고, 무슨 말들이 오갔는지에 대해 대화를 나누라.

　□십대에 들어서면 아이들을 정치적인 흐름 속에 어느 정도 뛰어들게 하라. 집 근처에서 홍보지를 뿌리며 지역구 선거 유세를 할 때 이 일을 실행하는 것이 제격이다. 우선 지구당 선거 대책 본부를 찾아가라. 지구당 위원장의 이름을 익히고 자원 봉사자로 일하라. 지구당 위원장이 아직 선정되지 않았다면 부모 자신이 직접 나서는 것도 검토해보라.

　□당신이 미는 후보자가 전화를 통해서 선거 운동하는 것을 도우라. 어떤 문제에 대한 견해차의 표출은 당신의 신념과 인식을 점검해서 더욱 굳세게 해주며, 그 문제를 놓고 자녀와 좀더 확실하게 대화할 수 있도록 해준다.

　□다음 휴가 때에는 각 지역 의사당에서 벌어지는 지방 의회를 참관하라. 아니면 텔레비전으로 국회 생중계를 시청하라. 아이가 지금 무슨 일이 일어나고 있는지 납득할 수 있도록 도와주라.

　□아이와 함께 전국적인 정치 집회에 대한 보도가 방송되는 것을 보라. 지금 진행되고 있는 사건의 핵심을 일러주고 연설이나 보도에 편향된 시각이 들어 있지는 않는지 살펴보라.

　□도덕적으로 정확한 입장을 견지하는 후보와 정책에 대해 가족의 이름으로 동참하거나 재정적인 지원을 보내라. 행동가의 자세를 취하는 것

은 자녀들에게 매우 의미 심장한 일이다.

약간의 창조성과 상상력을 동원해서 자녀들에게 정치 세계를 보여주는 것은 재미와 보람을 한꺼번에 얻을 수 있는 일이다. 의욕 있고 통찰력을 갖춘 세대의 출현이야말로 사상 최대의 사건이라는 평가를 받아 마땅하다. 그 역사적인 사건이 한 가정에서 순식간에 일어나게 되는 것이다.

6

죄에 매이지 않게 하라

자녀가 굳세고 건전한 양심을 갖도록 도와주는 것은 모든 부모들이 추구하는 목표 가운데 하나이다. 부모는 아이에게 죄의 '실체(fact)'와 '죄책감(feeling)'의 차이를 가르쳐줌으로써 죄가 무엇인지 파악할 수 있게 해야 한다. 죄책감을 느낀다는 것이 곧 실제로 죄를 지었다는 뜻은 아니다.

균형 잡히지 않은 죄의 개념은 두 가지 기형적인 결과를 초래할 수 있다. 우선 실제적인 죄와 불합리한 죄의식을 구분하지 못하고 잔인하며 폭압적인 초자아(super ego)의 압박에 시달리는 경우가 있다. 아니면 이와는 정반대의 결과를 빚어서 죄에 대한 부담감을 전혀 느끼지 않고 나쁜 짓을 할 가능성도 있다.

아이들을 가르칠 때 실제적인 죄와 부당한 죄책감을 구분해주는 것이 중요하다. 일반적으로 두 경우 모두 기분 나쁜 죄 의식이 따라다닌다. 부당한 죄책감은 우리에게 달라붙어서 우리를 괴롭히고 천천히 파괴해갈 뿐이지만, 정말 죄를 지었을 때 느끼는 죄책감은 회개하고 용서받는 동기를 부여해준다.

1. '실제적인 죄'는 사회나 성경이 잘못이라고 규정한 도덕적인 규범을

실질적으로 범한 결과이다. 은수가 자기 학교에서 수학 시험을 치르는 도중에 부정 행위를 저지르고 축 처진 채 공허함을 느끼며 집에 돌아왔다면, 실제적인 죄에서 온 부정적인 감정을 경험하고 있는 것이다.

  2. 다른 사람의 인정이나 칭찬을 받지 못하는 데서 생기는 죄책감은 실제로는 짓지도 않은 '가상적인 죄'에서 비롯된 것이다. 여섯 살짜리 꼬마 수지가 운동장에서 넘어졌을 때, 친구가 울보라고 놀리는 소리를 듣고 자신이 변변치 못하고 바보스럽다는 느낌을 받았다면, 그것은 가상적인 죄 때문이다.

  3. 비현실적인 기대 수준을 정해놓고 거기에 미치지 못하는 까닭에 느끼게 되는 죄책감은 또 다른 종류의 가상적인 죄에서 비롯된 것이다. '9회말 투아웃' 이후의 만루 챤스에서 스트라이크 아웃을 당하고서 어쩔 줄 모르고 허둥대는 종철이가 그 전형적인 예다.

  흔히 아이들은 죄의 원천을 정확하게 집어낼 수 없기 때문에 끊임없는 죄책감에서 헤어나오지 못한 채 시달리고 있으며, 따라서 적절한 대책을 마련하지도 못하고 있다. 위에서 묘사한 세 종류의 죄책감 하나하나마다 서로 다른 접근 방식이 필요하다.

  가령 마크의 사실적인 죄는 자신이 잘못되었음을 분명하게 인정하고 하나님 앞에서와 엄마 아빠나 선생님께 고백하면 그것으로 끝나는 일이고, 같은 잘못에 대해 되풀이해서 개인적인 책임을 지지 않아도 된다. 성경에서는 이것을 '회개'라고 표현하고 있으며, 실제적인 죄로 인한 죄책감을 벗어버리기 위해서 이러한 단계 하나하나가 모두 필요하다고 말한다.

울음을 터뜨린 데에 대하여 어린 수지가 느낀 죄책감은 그를 비웃은 다른 사람들도 마음이 상할 때면 울곤 한다는 사실을 깨달을 수 있도록 격려해주면 사라져버린다. 아이들은 자기 자신의 판단과 결정을 더욱 신뢰함으로써 또래들의 인정이나 퇴짜에 민감하지 않아야 한다.

지미의 죄책감은 자신의 기대 수준이 전혀 비현실적임을 인정할 때 자취를 감춘다. 지미 스스로가 자신에 대해 가장 혹독한 비평가 노릇을 하고 있지만, 한편으로는 결과가 완벽이라는 기준에 미달될 때마다 변하거나 줄어들지 않는 부모의 무조건적인 사랑을 애타게 염원하고 있다. 무조건적인 사랑은 무엇보다도 아이로 하여금 자신이 하나님의 특별하고 가치 있는 피조물임을 깨닫게 해준다.

아이가 죄책감을 극복하는 균형 잡힌 기술을 습득할 수 있도록 도와주는 방법에는 다음과 같은 것들이 있다.

☐ "그렇게 못된 짓을 하다니, 넌 아주 나쁜 녀석이로구나."라고 말함으로써 아이를 심하게 정죄하는 것을 삼가라. 행동이 잘못됐다고 해서 사람까지 나쁘다는 뜻은 아님을 강조하라. "죄는 미워해도 사람은 미워하지 말라."

☐ 부모의 사랑과 관심을 '처벌'의 형태로 표현하기를 망설이지 말라. 우리의 약점에도 불구하고 무조건 사랑하시는 하나님의 사랑이 당신의 사랑을 통해서 나타나게 하라.

☐ 꼭 필요한 경우에는 벌을 주기 전에 냉각기를 갖으라.

☐ 훈계할 때는 아이가 자신에 대한 소중함과 존엄성을 잃지 않도록 배려하라. 아이를 야단치면서 화를 내며 비난하거나 "이 게으름 피울 줄밖

에 모르는 자식아." 또는 "항상 멍청한 짓만 하는구나." 따위의 말을 해서 그 성품이나 존재 가치를 모독하지 말라. 다른 사람들 앞에서 아이를 창피주지 말라.

　▫아이가 잘 감당할 가능성이 큰 방법으로서 집안일, 꼭 해야 할 일, 넘어서는 안 될 한계, 그리고 규칙들을 정하라. 기대 수준을 아이의 성숙도에 맞추면 비현실적인 목표와 지나친 실망감으로부터 아이를 보호할 수 있을 것이다.

　▫죄에 관해서 건전한 태도와 해결 방안을 보여주는 읽을 거리나 텔레비전 프로그램, 영화, 실제적인 생활 경험 따위들이 어디 없는지 늘 신경을 쓰라. 우리 문화 속에서 선악관의 토대를 이루고 있는 상황 윤리에 대해 파악할 수 있도록 아이들을 도와주라.

　▫위에서 언급한 세 가지 유형의 죄책감에 대처하는 적절한 방법을 부모의 삶 속에서 시범적으로 보여주어야 한다. 아이를 가르치는 데 그것만큼 효과적인 방법은 없다. 아이가 부모의 삶 속에서 잘못된 점을 목격하고 지적해올 때, 부모는 이것을 자신과 아이가 모두 성장할 수 있는 금쪽같이 소중한 기회로 떳떳하게 받아들여야 한다. 부모가 잘못하는 장면뿐만 아니라 부모가 회개하는 모습도 아이들에게 보여주라.

　▫부모가 자녀를 용서하고 또 그들이 남을 용서할 줄 알도록 만드는 교육은 아이가 스스로를 용납할 수 있는 힘을 키워준다.

　부모가 자녀에게 줄 수 있는 선물 가운데 죄의 원천을 파악하고 대처하는 능력만큼 소중한 것도 별로 없다. 이처럼 잘 가꾸어진 양심은 장차 하나님을 경외하는 행복하고 건전한 삶의 뿌리가 될 것이다.

7
감춰진 메시지를 찾아라

사람이 자리에 앉거나 사물을 보는 방식, 감정을 품게 되는 경로, 그리고 무엇을 말하고 말하지 않는지 등 우리와 관련된 모든 것에는 일정한 메시지가 담겨 있다. 연구 조사에 따르면 사람의 의사 전달 방법 가운데 고작 7%만이 말을 통한 것이었다고 한다. 그밖의 38%는 목소리의 고저 장단(tone)을 통해서, 50%는 보디 랭귀지(body language)처럼 비언어적인 수단을 통해서 의사를 전달한다고 한다. 그러므로 독특한 방식으로 전달된 메시지의 속뜻을 아이가 해석할 수 있도록 가르치는 것은 대단히 중요하다.

나이 어린 아이들은 부모의 감정을 알아차리는 데 천부적인 재능이 있지만, 반면에 말을 문자적으로 받아들이는 경향이 있다. 아이들은 어떤 사람의 보디 랭귀지나 목소리의 톤에 실린 메시지가 그 사람의 말하는 내용과 서로 다를 때 혼란을 느낄 수 있다.

어느 날, 수환이라는 일학년짜리 꼬마가 울면서 학교에 왔다. 같은 반 친구인 말썽꾸러기 홍수가 수환이를 골탕먹이고 괴롭힌 것이다. 선생님은 수환이가 울음을 그칠 때까지 기다렸다가, 홍수는 아마도 친구가 없어서 외로워 다른 사람들의 관심을 끌고 싶은 모양이라고 말해주었다. 그리고 홍수가 다음에 또 나쁜 짓을 하거든 학교가 파한 뒤에 집으로 초대해 보라고 제안했다.

며칠 뒤에 홍수가 또 시비를 걸어왔을 때 수환이는 이 사건을 다르게 해석했고 따라서 다르게 반응했다. 수환이는 "홍수야, 우리 친구하자. 이따가 공부 끝나고 우리 집에 가지 않을래?"라고 말했다. 이 일이 있은 다음부터는 둘 사이에 여러 가지 즐거운 일들이 일어나기 시작했다.

전문가들은 대부분 아이가 열 살 남짓 되기 전까지는 추상적으로 사고할 수 있는 능력이 없다고 입을 모은다. 가령 우유를 엎질렀거나 소중한 기념품을 깨뜨렸다고 해서 꼭 '나쁜' 사람은 아니라는 사실을 일일이 알려주어야 한다는 것이다. 그런 일이 생겼을 때 부모가 즉각적인 반응으로, 특히 눈초리나 다른 비언어적인 몸짓을 통하여 분노를 표시하는 경우가 있는데, 이것이 아이에겐 넋을 잃을 만큼 혹독한 처사가 될 수도 있다.

그런 분노는 감추어진 메시지 가운데서 가장 보편적인 것이다. 흔히 말로는 아니라고 부인을 하지만, 감정이나 비언어적인 표현들을 통해서 전달하고자 하는 메시지가 너무나도 분명하게 드러나는 경우가 많다. 부모가 화를 냈다는 사실을 아이가 한 번 알아차리게 되면 엄청나게 많은 말로도 아이의 놀라고 상한 마음을 지워버릴 수 없다. 그러므로 엄마 아빠가 화났음을 인정하고, 그럼에도 불구하고 아이를 사랑한다는 사실을 확신시켜주는 것이 훨씬 좋은 접근 방식이 될 것이다. 감정을 속이지 않고 알려주는 것은 아이들이 말 이외의 방법으로 '듣고 있는' 것이 사실임을 입증해주고 그들의 두려움을 크게 덜어준다.

흔히 부모들은 아이들을 능수 능란하게 다루는 데 이 감춰진 메시지를 사용한다. 부모가 좋아하지 않는 어떤 행동을 했을 때 '속상하다는 듯한' 표정을 짓는 것이다. 오랜 시간이 지나면 아이는 엄마 아빠의 이런 행동 때문에 죄의식과 분노로 얼룩진 우울한 심사가 생겼다고 느끼게 된다. 은연중에 이런 식으로 아이를 다루고 있음을 깨닫게 되면, 부모는 이 사실을 솔직하게 인정하고 용서를 구해야 한다.

아이들이 십대 초반에 들어서면 좀더 추상적이고 이성적인 사고가 발달한다. 감춰진 메시지를 더 잘 찾아낼 수 있는 능력이 생긴다. 부모의 감정이나 태도를 읽어내는 아이의 능력이 커지면, 엄마 아빠의 말과 행동이 일치하지 않는 경우에 그들을 옴짝달싹하지 못하게 만들기도 한다. 예를 들어 부모들이 한편으로는 교회가 중요하다고 단언하면서, 다른 한쪽에서는 목사님의 설교에 대하여 이러쿵저러쿵하는 걸 보면서 젊은이들의 순수한 이상주의는 분개하는 것이다.

부모와 자녀 사이에 의견 차이가 있을 때, 서로 솔직하고 분명하게 자기 의견을 밝힘으로써 옷이나 음악을 포함한 모든 영역에서 건전한 관계를 만들어갈 수 있다. "얘야, 이건 단지 내 의견일 뿐이란다. 너는 뭐 좀 다른 생각이 없니?"라고 묻는 것이다.

감춰진 메시지와 관련해서 꼭 기억해야 할 몇 가지 특별한 지침들은 다음과 같다.

□ 신체 접촉(touch)은 가장 중요한 비언어적 의사 전달 방식 가운데 하나이다. 아이들에게는 껴안아주고 쓰다듬어주는 등 또 다른 애정 표현이 필요하다. 특히 아이를 야단친 뒤에는 이런 표현들이 꼭 필요하다. 말이 아무리 단호하고 준엄해도 부모의 이런 신체 접촉은 아이에게 징계 뒤

에 감춰진 엄마 아빠의 사랑을 다시 한번 확실하게 인식시켜준다.

□아이에게 말할 때는 어조와 표정에 신경을 쓰라. 부모는 이 메시지의 의미는 무엇인가, 아이들이 동의해줄 것인가 따위를 자문해보라.

□팔장을 낀다든지, 반지나 머리카락을 만지작거리는 일, 무의미한 낙서를 끄적거리거나 보석이나 단추를 풀었다 끼웠다 하는 모습, 또는 방을 두리번거리며 바라보는 행동 등은 모두 신경 쓰임, 지루함, 분노 따위의 감정이나 태도를 묵시적으로 나타내고 있는 것이다. 자기 자신이나 아이에게 이런 모습이 나타나지 않는가 주의 깊게 살펴보라.

□식구들이 침묵에 담긴 뜻을 해석하는 법을 배울 수 있도록 도와주라. 분노에서 슬픔과 충격에 이르기까지 침묵으로 수많은 감정을 표현할 수 있다. 부모가 말이 없는 이유를 아이가 잘못 해석하거든 부모는 자신의 감정을 분명하게 알려주기 위해 몇 마디쯤 말을 하라. 가령 병든 친척 생각이 머리를 가득 채우고 있는 까닭에 말을 하지 않는 경우, 그 상황을 설명해주면 아이는 "무슨 일인지 몰라도 엄마 아빠가 나에게 화가 났다."고 생각하지 않게 된다.

□아이가 날마다 벌어지는 사건과 그에 대한 자신의 감정을 해석할 수 있도록 도와주라.

□텔레비전이나 잡지에 등장하는 광고 문안의 이면에 감춰진 메시지를 찾아내는 게임을 하라.

□그 동안 배운 듣고 분별하는 기술을 가족끼리 의사 소통하는 데 적용하라. 솔직할 수 있는 분위기를 만들라. 배우자에게 당신이 전달하고자 하는 감정이나 메시지를 더 잘 파악할 수 있게 도와달라고 부탁하라.

□의사 소통하는 데 일관성을 보여주라. 자녀에게 같은 보디 랭귀지에

익숙해지게 하려면 부모는 아이가 제대로 알아채느냐의 여부와 상관없이 반드시 진실한 자기 감정을 표현해야 한다.

□ 모범 답안대로 생각하도록 아이에게 강요하지 말라. 이것은 아이가 자신의 의사를 전달하는 데 일관성을 갖지 못하게 만들 뿐이다.

□ 감춰진 메시지에 대하여 아이가 도움을 청하면 받아들이라. 감추어진 메시지를 부인하는 것보다 솔직하게 인정하는 것이 아이를 훨씬 덜 놀라게 한다.

어느 가정이 서로 완전한 메시지를 들을 수 있도록 충분한 관심을 쏟고 있다면, 분명하고 흠잡을 데 없는 의사 소통은 그 가정이 살아가는 방식에 대한 품질 보증서 구실을 할 수도 있을 것이다.

8

경제의 흐름을 읽게 하라

 모든 사람이 그렇지만 아이들도 인플레이션이나 경제 불안의 영향을 받는다. 특히 경기 침체로 부모의 수입이 뚝 떨어지거나 일자리를 잃어버렸을 때는, 돈이 너무 많이 드는 탓에 아이들은 하고 싶은 일을 할 수 없고 사고 싶은 물건을 살 수도 없게 된다.

불행하게도 아이들로서는 이런 경제 현실이 어디에서 비롯되었는지 종잡을 수가 없다. 이 아이들이 독립하기 전에 경제에 대한 이해를 갖도록 도와주는 사람이 아무도 없다는 점을 감안할 때, 전문 상담가들이 면담한 이혼 사례 가운데 90%가 결국은 재정 문제 때문이었다는 통계는 별로 놀랄 만한 일이 아니다.

하지만 우리의 자녀들은 사정이 달라질 수도 있다. 부모가 조금만 도와주면 일곱 살짜리 꼬마라도 몇 가지 기초적인 지식은 확실하게 얻을 수 있기 때문이다.

□경제 원칙들을 조금 알려주는 것도 좋은 출발점이 된다. 예를 들어 열 명의 아이들이 각자 가지고 있던 잔디 깎는 일을 내놓은 반면에 그 일

자리를 구하는 아이는 단 한 명뿐이라면 어떤 일이 생길지 자녀에게 생각하게 하라. 이야기 끝에 판매 기술, 수요와 공급의 원칙 등 중요한 개념들의 이름을 알려주라. 이런 것들이 물가와 고용 증대에 어떤 영향을 미치는지 설명하라. 성과급(being paid by the job)과 시간급(being paid by the hour)이 동기 부여에 있어서 어떻게 다른지 분명하게 이야기해주라.

□ 일단 기초가 확실하게 다져진 것처럼 보이면 일의 필요성을 찾아보는 단계로 넘어가라. 부모의 직업을 보기로 들면서 하나님께서는 부모가 가정을 위해서 음식과 집과 의복을 마련하기를 원하신다고 설명해주라(딤전 5:8). 문화 신문이나 문화 관련 잡지들을 함께 보면서 각 문화의 한 부분을 차지하고 있는 노동의 양상을 살펴보라. 나라마다의 생활 수준과 여건들을 분명하게 대조하면서 여러 가지 천연 자원 조건들과 정치·경제 구조들이 어떻게 다른지 토의하라. 토의는 아이가 이해할 수 있는 수준에 맞추어 이끌어가라.

□ 여기서 관찰한 불공평한 사례들은 사회 복지의 이용과 남용에 대해 토의할 때 더할나위 없이 적절한 배경 설명이 되어줄 것이다. 데살로니가 후서 3장 10절, 마태복음 25장 14~19절, 36~40절까지 읽고 다음과 같은 질문을 던져보라. "일과 대가, 사회 복지, 그리고 가족의 한 사람으로서 누리는 특전 등에 대해 지금 배운 바에 따르면, 네가 돕는 집안일 모두에 대해 대가를 치르는 것, 아니면 일부에 대해서만 치르는 것, 또는 대가를 전혀 지불하지 않는 것 가운데 어느 게 가장 옳다고 생각하니?" 아이로 하여금 하루하루와 일주일 동안 혼자서 하거나 힘을 합쳐서 처리할 수 있는 여러 가지 집안일의 일람표를 만들게 함으로써 이 질문의 적용 범위를 점점 넓히라.

ㅁ어떤 일에 대하여 대가를 지불할지 가족끼리 의견 일치를 보았으면, 이번에는 그 순간을 그 사람의 기술이나 시간, 능률에 따라 어느 정도의 대가를 지불해야 할지 토의하는 기회로 삼으라. 일의 빈도와 난이도에 따라 집안일의 등급을 정하고, 얼마만큼의 일을 해야 하고 얼마를 받게 되는지를 정리한 계약서를 아이에게 써주라.

ㅁ아이가 일과 시장, 금전 관리에 대해서 더욱 잘 이해할 만큼 자랐으면 간단한 사업을 골라서 계획을 잡아볼 수 있도록 도와주라. 사업 내용은 여름 한철 간이 음료수 판매대를 설치하는 일에서부터 좀더 특별한 노력이 필요한 신문 배달, 생일 케이크 만드는 일, 그밖에 자동차 · 마당 · 집안 청소 같은 여러 가지 다른 종류의 일거리에 이르기까지 무엇이든 상관없다. 말콤 맥그리거(Malcolm MacGregor)의 저서 「아이들에게 금전 관리를 가르치는 법(Training Your Children to Handle Money)」에는 마흔 여섯 가지 기발한 아이디어가 들어 있다.

ㅁ일단 돈이 들어오면, 아이는 금전 관리 기술을 배울 준비에 들어간 것이다. 그 돈을 어떻게 쓸지 계획을 잡는 데 도움이 되도록 간단한 예산을 세워보라. 예산 내역에는 다음과 같은 것들이 포함되어야 한다.

- 십일조와 헌금
- 저금
- 개인적인 지출(점심 값, 이발 요금, 수선비, 수업료 등)
- 즐기는 데 필요한 지출(여러 가지 활동비, 취미 생활 비용, 책 값, 잡지 대금 등)

ㅁ좀더 나이가 든 아이들의 경우에는 몇 가지 추가적인 재정 관리 기술을 연습할 수 있다. 가족들끼리 돈을 얼마쯤 빌려오고 빌려주도록 해보

라. 아이는 차용 증서, 이자, 신용 내력과 보험률, 담보와 질권 따위의 개념들을 생활 중에 쉽게 인식할 수 있을 것이다.

ㅁ세금을 계산할 때 아이가 지켜볼 수 있게 하라. 세금의 목적과 그들이 이용할 수 있는 공공 시설에는 어떤 것이 있는지 함께 의견을 나누라. 소득세, 재산세, 특별 소비세(luxury tax), 매출액세(sales tax) 따위의 차이점을 설명해주라.

ㅁ아이를 은행에 갈 때 데리고 가서 기회가 닿는 대로 간단한 견학을 시키라. 그리고 은행에 저금하는 것과 재정에 대하여 의문나는 점을 물어보게 하라.

ㅁ아이가 준비되었겠다 싶으면 부모는 자녀에게 은행 당좌 계정을 공개하라. 중고등학교에 다니는 아이쯤 되면 돈이 나무에 저절로 열리는 게 아니라는 것을 당장 알아차릴 것이다. 아울러 바라는 것과 꼭 필요한 것, 가치와 가격의 차이 등을 직접 경험하게 될 것이다. 아이가 훌륭한 결정을 내렸을 때는 칭찬해주고, 잘못된 선택을 했을 경우에는 그 원인을 이해할 수 있게 도와주라.

ㅁ부모와 함께 자녀들이 주식을 조금 사들인다든가, 공채에 투자하거나 부동산을 매입하는 데 이르기까지 실제적인 자금 운용에 참여하도록 기회를 만들어볼 수도 있다. 이렇게 하면 아이가 장래에 좀더 식견 있고 성숙하게 재정을 관리할 수 있는 준비를 갖추게 된다.

ㅁ이 모든 일에서 부모가 얼마나 모범을 보여주느냐가 관건이 된다. 아이들은 부모가 하는 행동을 보면서 돈과 에너지와 시간을 절약하는 법, 재정적인 우선 순위를 정하는 법 따위를 배우게 될 것이다. 어떤 기구를 사온다든가, 수리공을 부르는 대신 직접 무언가를 고치는 등 부모가 내린

결정에 대해 아이들이 이해할 수 있도록 결정 과정에 참여시키라. 부모가 한 달 동안 사용한 청구서를 정산하고 예산의 수지 균형을 맞추는 걸 아이들이 볼 수 있게 하라. 이렇게 해서 얻은 지혜는 나중에 몹시 곤란한 일에 빠지지 않도록 아이들을 지켜줄 수도 있다.

부모가 할 수 있는 일을 모두 다 했다면, 아이는 함정과 좋은 기회가 한데 어우러져 있는 재정과 경제의 세계를 더이상 수수께끼로 보지 않을 것이다. 아이는 어떻게 생활을 꾸려나가느냐 뿐만 아니라 어떻게 살아가느냐를 알고 있는 어른으로 자라날 것이다.

9
비판을 주고 받는 법을 익히게 하라

비평을 받아들여서 조용히 평가해볼 수 있는 사람은 정말 안정되고 성숙한 사람이다. 또 건설적이고 다정 다감한 방법으로 비판할 줄 아는 사람은 남보다 현명한 사람이다. 그러나 아이들에게 이런 자질을 길러줄 수 있는 부모야말로 그보다 훨씬 더 현명한 사람이다.

비판의 기술 이상으로 성격적인 장점과 건전한 자존감을 키워주고 인생의 역경과 불평등을 뚫고 나가는 안정감을 길러주는 기술은 별로 없다. 그러나 비평가의 역할이 아무리 오랜 역사를 가졌고 존경받는 것이라 해도 비판한다는 것은 역시 쉬운 일이 아니다. 우리는 비평이 비난으로 변질되는 예를 너무나도 자주 보아왔다. 따라서 사람들이 비판자가 되기를 주저하는 것은 놀라운 일이 아니다. 성경 말씀 가운데서 비판에 대하여 경고하는 구절들을 생각해보자.

"말을 아끼는 자는 지식이 있고 성품이 안존한 자는 명철하니라 미련한 자라도 잠잠하면 지혜로운 자로 여기우고 그 입술을 닫히면 슬기로운 자로 여기우느니라"(잠 17:27, 28).

"내 사랑하는 형제들아 너희가 알거니와 사람마다 듣기는 속히 하고 말하기를 더디하며 성내기도 더디 하라"(약 1:19).

그리고 그 어느 것보다도 잘 알려진 것은 아마 예수님께서 하신 경고일 것이다. "비판을 받지 아니하려거든 비판하지 말라 너희의 비판하는 그 비판으로 너희가 비판을 받을 것이요 너희의 헤아리는 그 헤아림으로 너희가 헤아림을 받을 것이니라"(마 7:1, 2).

비평의 긍정적인 면에 대해서는 또 이렇게 말씀한다.

"경우에 합당한 말은 아로새긴 은 쟁반에 금 사과나 슬기로운 자의 책망은 청종하는 귀에 금고리와 정금 장식이니라"(잠 25:11, 12).

"친구의 통책은 충성에서 말미암은 것이나…"(잠 27:6).

"그런즉 거짓을 버리고 각각 그 이웃으로 더불어 참된 것을 말하라 이는 우리가 서로 지체가 됨이니라"(엡 4:25). 이런 경고 또는 격려의 말씀들을 근거로 건전하게 비판할 수 있는 몇 가지 원칙들을 생각해보자.

- 사람이 아니라 그 행동을 비판하라.
- 분을 내면서 비판하지 말라. 화를 내면 지나친 반응을 보이기 쉽다.
- 피곤하거나 다른 스트레스가 쌓였을 때는 비판하지 말라. 정신이 맑아지고 분위기가 밝아질 때까지 기다리라.
- 모든 면을 고려하라. 어떤 상황에든 양면성이 있다.
- 사랑 안에서 명확하고 분별 있게 비판하라. 감정이 개재되지 않은 단어를 골라 쓰라. '항상'이나 '전혀' 따위의 말은 예외 없이 마음을 상하게 만들고 사실을 과장하기 일쑤다.
- 다른 사람과 비교해서 비판하지 말라. 특히 자녀들을 놓고 서로 비교하지 말며, 배우자를 자기 부모님 가운데 한 분과 편파적으로 비교하는

일은 절대로 삼가라.

- 우리를 정말로 화나게 만드는 다른 사람들의 잘못이 우리 자신 속에도 들어 있는 경우가 많다. "어찌하여 형제의 눈 속에 있는 티는 보고 네 눈 속에 있는 들보는 깨닫지 못하느냐"(마 7:3). 다른 사람들의 특별한 습관이나 특징을 비판하기 전에 자기 속에는 똑같은 문제가 없는지 자문해보라.
- 부정적인 행동이나 태도, 또는 습관에 대해 비판하는 것과 아울러 긍정적인 대안을 제시하도록 노력하라.

비판을 받을 때는 다음과 같은 사항들을 기억하라.

- 내가 한 일이 아니라 나 자신이 비판받고 있다고 잘못 생각할 때, 비판을 받아들이기가 가장 힘들다.
- 그 비판에 얼마나 큰 의미를 부여해야 할지 결정할 때는 언제나 그 비판의 근거가 무엇인지를 생각하라.
- 비판을 반박하기 전에 상대가 비판을 멈출 기회를 주라.
- 그 즉시 할 수 있는 가장 좋은 반응은 확인해주는 것이다. "무슨 말씀이신지 잘 알아들었습니다." 자기를 변호하는 듯한 반응을 보이지 말라.
- 비판이 정당한 것이거든 상대에게 감사를 표하고, 필요한 경우에 용서를 구하라.

비판을 주고 받는 이러한 원칙들은 부모와 자녀 사이에도 그대로 적용할 수 있다. 그러나 대부분의 원칙들은 부모가 모범을 보임으로써 가르칠 수 있다는 사실을 잊어서는 안 된다. 심오한 교훈들을 가르치려면 위선적인 생활 태도로 살짝 덧칠하는 것만으로는 충분치 않다. 아이들은 부모에 대해 너무나 잘 알고 있기 때문이다.

아이들에게 비판을 주고 받는 법을 가르치려면 다음과 같이 해보는 게 좋다.

▫ 아이에게 간단한 자기 비판을 하도록 하고 자신의 형상을 얼마나 용납하고 있는지 주의 깊게 살펴보라. 어떤 점에서는 부모로서 부족함이 있음을 고백함으로써 엄마 아빠가 모범을 보이라. 아이에게 비판을 구하고 또 적절한 반응을 나타내라. 아이에게 자신의 잘못을 스스로 가려내보도록 주문하라. 서로 건설적인 제안을 주고 받으며, 함께 기도하고, 이 문제들에 관하여 서로 돕겠다고 약속하라.

▫ 서로 건설적인 비판을 주고 받는 것이 얼마나 소중한 일인지에 대하여 대화하라. 부모가 그렇게 했던 경험, 그리고 그것이 얼마나 도움이 됐는지 함께 이야기하라. 제삼자나 믿을 만한 친구의 비판을 들어보는 것도 비판을 받아들이는 법을 배우는 썩 좋은 방법이다. 건설적인 비판을 들어보는 것이 약하다는 표시가 아니라 정말 강한 사람이라는 증거임을 아이가 깨달을 수 있도록 도와주라.

▫ 같은 또래나 또는 그럴 만한 위치에 있는 어떤 사람이 파괴적인 비판을 가했을 때, 아이가 그 비판을 처리하는 법을 익히게 하라. 비판에 직접 반응하지 않고 다만 잘 알아들었음을 인정하는 것도 괜찮은 대응 방법 가운데 하나다. 이것은 "내가 …했다고 느끼셨다니 정말 미안합니다" 라는

뜻으로 들릴 수도 있기 때문이다. 또 다른 효과적인 반응은 잠시 동안 비판하는 사람이 하는 말 가운데 옳은 부분도 얼마쯤 있다고 가정하는 것이다. 다음과 같은 대화가 바로 그런 경우다.

"넌 순 엉터리야!"
"맞아, 좀더 잘 할 수도 있었을 텐데."
"틀림없이 잘 할 수 있었을 거야. 하지만 그건 너무 심했어."
"옳아, 정말 좋아보이지 않지, 안 그래?"

얘기가 여기에 이르면, 대부분의 비판자들은 할 말이 궁해지기 시작하고 긴장이 풀어져버린다.

□비판에 대하여 온 식구가 모여 대화하는 장을 만들고 역할극을 해보라. 우리가 다룬 비판의 원칙들에 대해 먼저 이야기하고, 이어서 서로 비판을 주고 받는 게임을 하라. 위에서 이야기한 대응 방법들을 이용하라. 단순한 장면을 연출하고 위의 원칙들 가운데 어느 것을 어겼는지 자세히 살펴보라. 이런 훈련은 그냥 해보는 게임에 그치지 않고 비판에 대한 새로운 대처 방식을 마련하는 데 도움이 될 수 있다.

무엇보다도 부모는 자신이 하는 말을 몸소 실천해보여야 한다. 충실한 비판자를 두고 있고, 또 그들의 도움을 받아들일 줄 아는 부모나 자녀는 얼마나 큰 복을 받았는가!

10
스트레스 다스리는 법을 가르치라

불안하고 경쟁이 치열하며 어지러울 만치 빨리 돌아가는 이 세상에서 우리 아이들을 포함해서 모든 사람들은 엄청난 양의 스트레스를 받고 있다. 언뜻 조직 사회에서 생활하는 것에 비하면 아이들의 삶이란 아무 걱정할 게 없는 것처럼 보이지만, 아이들도 어른들과 조금도 다름없이 스트레스에 시달리고 있다. 다만 그 증상이 다를 뿐이다.

아이들이 앓고 있는 궤양 비슷한 증상들은 종종 글을 잘 읽지 못하는 스트레스에서 오는 것일 수도 있다. 행동으로 나타나는 증상에는 퇴행, 언어 표현 장애, 또는 전반적으로 적대적인 성향을 띠는 행동 등이 포함된다. 그밖에 설사, 가려움증, 피부병, 식습관의 변화, 또는 가위 눌림 등이 있다.

아이들에게 즉각적으로 나타나는 이러한 현상들을 제외하고도, 어른이 될 때까지 지속적으로 받는 스트레스의 양과 고혈압, 심장병, 악성 종양 따위의 건강 문제 사이에 높은 상관 관계가 있다는 연구 결과들을 염두에 두어야 한다. 그러므로 아이들에게 스트레스를 처리하는 좋은 방안을 마련해주는 것은 대단히 중요하다.

기본적으로 스트레스는 몸을 쇠약하게 만든다. 단 어떤 종류의 스트레스들은 거의 일상적인 것으로써 건강한 생활을 영위하는 데 없어서는 안 될 필수 요소가 되기도 한다. 이런 스트레스는 정신 활동을 기민하게 해 주고 순환기 계통의 작용을 항진시켜준다. 또 시험을 잘 치르게 자극을 주고, 체육 대회에 나가서 더 나은 성적을 거두도록 박차를 가해주며, 더 만족스러운 삶을 살기 위해 사랑하고 울고, 분투하도록 몰아간다.

그러나 이런 스트레스도 걱정거리로 작용하게 되면 건강과 행동 면에서 다시 문제가 터지기 시작한다. 낯선 동네로 이사를 간다든가, 만성적인 질병을 앓거나, 동생을 보게 되는 경우, 또는 사랑하는 사람이 세상을 떠나는 경우처럼 아이들에게 건전하지 못한 스트레스를 줄 수 있는 원천은 많이 있다. 잘못된 관계들이나 파괴적인 행동에서 오는 스트레스는 마음속 깊은 곳에서 비롯된 것이다.

반면에, 스스로도 어찌해볼 수 없는 외부적인 상황이나 사건으로 인한 스트레스도 있다. 어떻게 하면 아이들에게 스트레스를 주는 원천들과 불가피한 스트레스를 극복하는 방법을 가르쳐줄 수 있을까? 관건은 부모들이 스트레스 요인을 정확히 집어낼 수 있느냐이다. 그렇게만 할 수 있다면 언제고 곧장 문제에 달려들면 된다. 그러나 스트레스 요인이 눈에 띄지 않는데다가 광범위하게 흩어져 있기까지 하다면, 부모가 해줄 수 있는 최선의 일이란 아이가 스트레스를 극복하는 작전을 짜는 걸 도와주는 게 고작인 경우도 가끔 있다.

부모가 스트레스를 다루는 본보기를 아이에게 보여줄 수 있는 길은 무엇인가? 여기 부모와 자녀가 함께 생각해보아야 할 몇 가지 접근 방법들이 있다.

□ 스트레스에 대하여 이야기하라. 문제와 마주 싸워야 할 사람은 오직 나 혼자뿐이라고 생각하고 그 안에 안주하는 태도는 스트레스에 대처하는 방법 가운데 가장 나쁜 것이다. 아이가 자기 감정을 털어놓을 기회를 마련하라. 이 점에 관해서는 손가락 인형 놀이(puppets)나 그림 그리기 따위가 도움이 될 수 있다.

□ 아이는 나이가 들어감에 따라서 욕구 불만의 원인을 분석하고 밝혀내는 능력도 커진다. 아이의 말 한마디에 신경을 곤두세우라. 그 말 속에 문제 해결의 실마리가 들어 있을지도 모른다. 아이가 졸졸 따라다니며 짓궂게 구는 또래 아이에 대해서나 친구의 부모가 이혼했다는 사실에 대해서 이야기하는 바로 그때가, 깊숙히 숨어 있는 두려움을 공개된 자리에 꺼내놓고 극복할 수 있도록 몇 마디 부드러운 질문들을 던지기에 가장 적합한 시기일 수도 있다.

□ 가능한 해결 방안을 함께 구체적으로 찾아보라. 스트레스를 주는 상황을 해결하기 위해 아이들이 취할 수 있는 특별한 행동을 찾아내도록 도와주라. 가령 아이가 학교에서 다른 애들보다 성적이 뒤쳐져서 고민하고 있으면 어떻게 하면 더 나은 시간 계획을 짤 수 있고, 공부하는 습관을 개선할 수 있으며, 엄마 아빠, 더 나아가서 선생님의 도움을 받을 수 있는지에 대해 함께 이야기하라. 아무 형식이나 조건에 구애됨 없이 생각나는 대로 자기 의견을 말하다보면(brain storming) 해결 방안을 찾는 데 큰 효과를 볼 수 있다. 걱정하느라고 간단한 해결 방안이 있는데도 그냥 지나쳐버리는 경우도 무시할 수 없을 만큼 많다.

□ 아이가 생활 중에 사람과 사람 사이의 관계 문제에 휘말려드는 경우, 부모는 우선 문제에 대한 책임 소재가 어디에 있는지를 밝힐 수 있도

록 도와주라. 자기로서는 어찌해볼 도리가 없었던 다른 사람의 행동에 대해서 아이가 잘못된 책임 의식을 느낄지도 모르기 때문이다.

☐ 그 문제에 대해 성경은 어떻게 말하고 있는지 점검해보라. 크리스천의 커다란 특권 가운데 하나가 염려를 주님께 모두 맡기고, 대신 진정한 평화와 안식을 누릴 수 있다는 것이다(롬 8:26~28). 성실하게 기도하는 사람은 스트레스를 줄일 수 있다. 아이와 함께 기도하라. 아이가 하나님께서 정하신 삶의 원칙들 가운데 하나를 어겼을 경우, 단순한 순종이 적당한 해결 방안이 될 수 있다.

☐ 오늘은 오늘 일만 걱정하라. 아이 어른 할 것 없이 사람들은 대부분 아직 일어나지도 않은 일에 대해 걱정한다. 지금, 이 자리에 초점을 맞추는 것이 바른 태도이다. 가끔씩은 지금 이 순간을 즐길 뿐, 적절한 시기가 올 때까지 스트레스 요인을 찾아 처리하는 일을 미뤄둘 필요가 있다. 아이에게 좀 편안한 상태에서 다시 이야기할 수 있을 때까지 그 문제에 대한 걱정을 접어두자고 제안하라.

☐ 아이에게 놀 만한 시간을 주라. 노는 시간이야말로 아이가 스트레스를 처리하는 가장 중요한 통로 가운데 하나다. 아이들이 상상력과 창조정신을 최대로 발휘할 수 있는 진흙, 벽돌, 나무를 깎고 다듬는 도구 따위의 장난감들을 마련해주라.

☐ 온 가족이 깊은 잠을 자고 열심히 일하는지 확인하라.

☐ 아이들이 텔레비전 보는 시간을 제한하라. 텔레비전을 많이 보면 지적이고 감정적인 부담이 지나쳐서 스트레스의 원인이 된다.

☐ 아이를 의사 취급하지 말아라. 특히 배우자 없이 혼자서 아이를 키우는 부모는 문제거리를 상의할 만한 어른이 없기 때문에 아이에게 모든

어려움을 털어놓고 싶은 유혹을 받기 쉽다. 친척이나 가까운 친구, 또는 목회자 가운데서 대화의 상대를 찾으라.

 □ 아이에게 운동이나 공부, 예능 등에 관한 경쟁심을 유발하거나 비현실적인 목표를 설정해주지 말라.

 □ 아이들에게 저마다 혼자 들어가 있을 수 있는 아이만의 공간을 확보하도록 배려하라. 방 한 쪽 구석이라도 괜찮다.

 □ 라디오, 텔레비전, 심지어 전화 플러그마저 뽑아놓은 채 집에서 온 가족이 경건의 시간을 가질 수 있도록 하루 가운데 얼마만큼씩을 떼어놓으라.

 □ 아이와 함께 긴장을 풀어버리는 시간을 가지라. 가만히 서서 지는 해를 바라보라. 꽃을 감상하고 새가 지저귀는 소리를 들으라.

 □ 끝으로, 아이와 함께 열심히 웃으라. 웃음 속에 들어 있는 치유 효과는 오랜 세월에 걸쳐 스트레스에 대한 탁월한 해독제로 알려져왔다.

아무도, 심지어 아이들조차도 스트레스를 받는 상황에서 도망칠 수 없다. 하지만 우리 식구들을 애타게 하고 결국 상처를 입히는 스트레스 요인들을 처치 가능한 수준까지 끌어내릴 수 있으며, 스트레스를 효과적으로 이용하도록 도와줄 수도 있다. 이러한 노력을 쉬지 않을 때 더 건강하고 행복한 삶을 살게 될 것이다.

11
죽음의 의미를 말해주라

죽음과 관련된 문제를 다루기란 언제나 결코 쉬운 일이 아니지만, 젊음을 숭상하는 문화 속에서 죽음을 극복하는 방법을 가르치기는 특히 어렵다. 그리고 이제 막 죽음에 대해서 배우기 시작한 아이들에게는 기르던 애완동물, 친척, 또는 친구를 잃어버린다는 것은 가슴 아프고 당황스러운 경험일 수밖에 없다.

아이가 죽음의 문제를 이겨내도록 돕는 방법은 아이의 나이, 세상을 떠난 사람과의 친밀도, 죽음의 요인 따위의 요소들에 따라 달라진다. 부모는 아이를 도와주려 하기 전에 죽음에 대한 자신의 반응을 살펴볼 필요가 있다. 어느 단계까지는 아이와 어른이 모두 큰 슬픔을 겪는 것이 일반적이다. 특히 하나님에 대한 믿음이 제아무리 강한 사람이라도 거부감이나 분노의 단계를 거치게 될 가능성이 높은데, 이런 감정을 억제하기보다는 오히려 마주 싸워서 극복해야 한다는 점을 잊어서는 안 된다. 부모가 일부러 이런 감정을 아이에게 숨길 필요는 없지만(아이들도 부모가 느끼는 감정을 알아야 한다), 상담가 역할을 해주고 죽음의 문제를 받아들이도록 도와주는 일은 다른 어른에게 부탁해야 한다. 결코 아이들에게 그런

상담가 노릇을 하도록 해서는 안 된다.

ㅁ귀여워하던 짐승이 죽거나 친척이 세상을 떠나면, 어린아이들은 죽음에 대해서 부모에게 묻게 된다. 이런 질문을 받았을 때 부모는 슬쩍 피해가거나 또는 지나치게 상세히 알려주지 말고 가능한 한 성실하게 답해주어야 한다. 어린 아이는 가까운 사람의 죽음에 대하여 어떤 죄책감을 느끼기 쉬운데, 이것은 고인에게 화를 냈던 일을 기억하고 자기가 잘못해서 그 사람이 세상을 떠났다고 생각하기 때문이다. 부모는 아이에게 그런 느낌은 그 사람의 죽음과 아무 관계가 없음을 깨닫도록 도와주어야 한다. 또 사랑하는 가까운 사람이 일부러 자기를 버렸다고 생각하는 거부감도 아이가 극복해낼 수 있도록 보살펴주어야 한다.

ㅁ고인이 병으로 세상을 떠났거나 병원에서 숨을 거둔 경우, 아이가 병에 걸리면 곧 죽게 된다는 생각을 갖지 않도록 배려해야 한다. 그렇게 하지 않으면 아이는 아프거나 병원에 갈 때마다 깊은 두려움에 빠지게 될 것이다. 또 아이에게 고인이 다시는 깨어나지 않을 잠이 들었다고 말해서도 안 된다. 그런 소리를 듣고 자란 아이는 밤에 자러 가기를 겁내게 될 것이다.

ㅁ아이가 어리든, 좀 나이가 들었든 장례식에 데리고 가는 건 잘 생각해서 결정해야 한다. 대여섯 살이 지난 아이라면 그런 일을 보다 잘 이해하고 처리할 수 있을 것이다. 고인이 세상을 떠난 어간에는 부모가 몹시 비통해하는 모습을 보이는 한이 있더라도 아이들을 그냥 집에 남아 있도록 해야 한다. 그래야 아이들도 깊은 슬픔을 느끼게 된다. 또 아이들도 다른 사람의 큰 슬픔을 보아둘 필요가 있다.

ㅁ여덟 살 남짓되면 아이들은 죽음은 피할 수도 없고, 바꿀 수도 없다는 사실을 깨닫기 시작한다. 이때쯤이면 죽음이라는 주제를 거리낌 없이 꺼내놓고 이야기해봄직 하다. 아이가 무서워하는 걸 놀리거나 창피 주지 말고 민감하게 대처하라. 흔히 이 또래의 아이들은 두려움을 망설이거나 공격적인 태도, 또는 수줍음 따위로 표현한다.

ㅁ추도 예배는 아이에게 좋은 경험이다. 예배 순서 하나하나에 대하여 아이에게 이야기해줌으로써 준비를 갖추게 하고, 가족과 친구들이 고인이 살아 있을 동안 행한 착한 일들을 기억하는 데 이 예배의 목적이 있음을 짚어주도록 하라. 고인의 유품을 다시 꺼내보는 순서가 있으면 아이로 하여금 보기만 할지 또는 만져볼지 결정하게 하라.

ㅁ사춘기에 들어선 아이들은 죽는다는 것의 완전한 의미와 죽음의 결말에 대해 더 잘 이해할 수 있는 능력이 생긴다. 이때쯤이면 벌써 감정의 혼란으로 가득 차 있는 상태여서 자기 감정을 아무의 비난도 받지 않고 자유롭게 발산할 공간이 필요하게 된다. 이 또래의 아이들은 자기 생각을 정리하기 위하여 혼자 있고 싶어할지도 모르고, 반대로 도움을 받으려고 다른 어른이나 심지어 친구에게까지 손을 내밀 수도 있다.

ㅁ나이와 상관없이 아이들은 믿음과 관련된 말씀처럼 죽음에 대한 성경 구절도 알아두어야 할 필요가 있다. 성경은 한 번 죽는 것은 정하신 것(시 89:48, 히 9:27)이며, 죄를 지은 결과이고(롬 6:23, 약 1:15), '원수'(눅 22:39~44, 마 26:36~44, 고전 15:26)라고 가르친다. 크리스천은 죽음에 대하여 슬퍼하지만, 소망이 끊어진 것은 아니다(살전 4:13). 부모는 자신의 경우를 예로 들어주면서 아이가 분노나 두려움, 거부감 따위의 그 어떠한 감정이라도 하나님께 고백하도록 격려하라. 그리고 하나

님의 약속, 떠나지 않고 보살피심, 무조건적인 사랑 등을 상기시켜줌으로써 그런 느낌들을 가라앉게 하라.

ㅁ우리 인생에서 일어나는 모든 일들이 항상 순조롭고 한결같을 수는 없다는 사실을 아이가 납득하게 하라. 이런 현실적인 태도는 가까운 사람이 세상을 떠난 데 대하여 아이가 느끼는 죄책감을 감싸줄 수 있다.

ㅁ시편 23편 4절과 116편 15절 말씀을 소중히 간직하라. 앞날을 알지 못한다는 것은 두려운 일이다. 그러나 주님은 믿는 자들과 함께 하시고 (요 14:1~3), 다시 오시겠다고(살전 4:13~18, 고전 15:51~52) 약속하셨다. 우리 어른들도 죽음에 대하여 완전하게 이해할 수는 없다. 그러나 죽음과 마주했을 때 하나님을 신뢰하는 법을 배울 수는 있다.

우리가 슬플 때 하나님께서 함께하신다는 사실은 우리에게 큰 힘을 주지만 슬픔을 송두리채 없애줄 수는 없다. 우리는 어쩔 수 없는 인간이다. 부모가 아무 거리낌 없이 주님을 신뢰하며 인생의 불확실성에 과감히 맞서는 모습을 보면서, 아이는 상처를 딛고 서며 진실한 감정을 아무 부끄러움 없이 인정하고 표현하는 법을 배우게 된다. 아이에게 죽음을 이기는 방법을 가르치다 보면 아울러 삶을 즐기는 자유로움도 심어줄 수 있게 될 것이다.

12
자녀의 이성 교제를 도우라

 우리 아들 딸들이 결혼에 성공해서 가정 생활을 원만하게 꾸려나갈 수 있게 만드는 조건은 무엇일까? 나날이 개방적이 돼가는 도덕적인 풍토나 젊은 부부들이 결혼에 실패하는 비율, 또는 친구들의 압력이 미치는 영향 따위를 생각하면 기분이 유쾌하지 못하다.

부모들이 직면하고 있는 최대의 장애물 가운데 하나가 바로 각종 매체를 통하여 우리 문화 속에 스며든 사랑과 성에 대한 보편적인 관념들을 극복하는 것이다. 가장 흔하게 거론되는 것은 성적인 흥분과 뒤얽힌 감상적인 감정이 곧 최고의 사랑이며, 섹스는 아무런 제약 없이 발산될 때 가장 건강하다는 생각이다.

이처럼 허물어진 사고 방식이 판치는 세상에서 우리 자녀들이 종종 데이트 도중에 가슴이 터질 듯한 상처를 입는 까닭이나 신혼 초에 파경을 맞는 원인이 무엇인지 이해하기는 그다지 어려운 일이 아니다. 교제 기간 동안 형성된 관계를 맺는 습관이나 관계 양식은 결혼 생활에까지 계속 이어진다. 만일 그 동안 나눈 사랑이 대부분 일종의 게임에 불과했다면, 결혼식을 올렸다고 해서 상황이 달라질 가능성은 거의 없는 것이다.

그렇다면 아이가 '사랑'에 눈 뜨고 이성 교제를 시작하려고 할 때, 부모는 어떻게 도와줄 수 있을까? 여기 몇 가지 지침이 있다.

▫이성 교제에서 도덕적으로 얼마만큼 신뢰할 수 있는 관계를 맺어가느냐는 아이가 가진 자존감(self-esteem)이 어느 정도냐에 따라 크게 좌우된다. 하나님을 향해서 자신을 가치 있게 여기는 생각이나 자존감이 안정되어 있지 못한 젊은이들은 미숙한 채로 남녀 친구들과 밀접한 관계를 가짐으로써 자기 정체를 확인하려 하게 된다. 또 성적인 감정을 발산하고자 하는 유혹도 무척 심하다. 어린 시절, 부모가 아이의 자존감을 아무리 풍부하게 형성해주었다 하더라도 훗날 성공적인 이성 교제를 이끌어갈 수 있도록 아이에게 자존감을 심어주는 일은 일찍 시작하면 할수록 유익하다.

▫언제나 그렇듯이 가장 중요한 원칙은 부모가 본을 보여주는 것이다. 아이는 엄마와 아빠 사이에서 관찰한 관계의 유형을 남녀 관계의 표준으로 받아들인다. 건전한 결혼 생활은 아이가 텔레비전이나 영화에서 본 인위적이고 뒤틀린 모델을 극복해내는 가장 훌륭한 무기가 될 것이다.

▫또래들 사이에서 사랑과 성, 그리고 이성 교제가 선정적인 화제로 등장하기 전에, 부모가 아들 딸과 함께 이런 문제들과 관련된 행위 기준 및 가치 기준들에 대해 이야기를 나누기 시작하는 것이 중요하다. 부모는 아이에게 지금 무슨 일이 일어나고 있는지 알고 있다는 사실과 엄마 아빠가 문제에 대해 유익한 해답을 주는 원천이 될 수 있다는 사실을 알려줄 필요가 있다. 친구가 제시하는 답은 보통 떠도는 이야기에 근거한 것이거나 완전히 엉터리일 수도 있음을 지적하라.

▫ 아이가 첫번째 데이트에 나가기 전에 반드시 일단의 객관적인 기준들을 세우라. 이 기준에는 최소한 다음의 세 가지 영역이 포함된다.

▫ 첫째, 먼저 집안일을 돌보거나 학교 공부를 하는 등 다른 분야에서 책임을 다하고 성숙한 결정을 내리는 모범을 보여야 한다. 만일 이런 일들에서 성실하지 못하다면 데이트에 앞서 적절한 변화가 있어야 함을 아이에게 알려주라.

▫ 둘째, 십대 자녀들이 성경은 물론 다른 믿을 만한 글에 나오는 사랑과 성, 결혼 등에 대한 핵심적인 개념들을 찾아내고, 읽고, 통달하도록 강조하라. 제임스 돕슨(James Dobson) 박사가 쓴 「사춘기를 맞을 준비(Preparing for Adolescence)」는 특히 좋은 책 가운데 하나다. 그리고 이어서 주요 쟁점에 관해 함께 토론하라.

▫ 셋째, 아이에게 자신의 사랑 철학, 데이트 철학을 개발하게 하고 글로 써보게 하라. 부모는 그 글이 마음에 들면 서명을 해주라. 이 글에는 누구와 만날 것인가, 데이트를 하면서 어디에 가고, 가지 않을 것인가, 야간 통행 금지는 몇 시로 할 것인가, 육체적인 사랑 표현을 어느 선까지 할 것인가 따위에 대해 아이 스스로 세워놓은 일련의 표준들이 들어 있어야 한다. 꾸준한 교제의 보조 유지, 불신자나 나이 차이가 많이 나는 사람과의 사귐 등도 다루어야 할 중요한 문제들이다.

▫ 데이트 신청하는 법, 데이트 상대를 문 앞에서 영접하는 법, 꽃을 보내야 하는 경우, 시간 약속 잘 지키기, 예약하는 요령 따위의 예절처럼 실제적인 데이트 정보들을 다시 한번 검토하라. 데이트 상대의 부모님을 만나보고 그분들의 이성 교제 지침을 이해하는 것이 얼마나 중요한지 이야기해주라. 그리고 마지막으로 자동차가 고장났을 때나 그보다 더 심각한

긴급 사태가 일어났을 때, 어떻게 처신해야 할지 분명하게 알려주어야 함은 물론이다.

▫ 아이가 적어온 자신의 철학이나 표준에 관해 대화하면서 외부의 통제와 자발적인 통제 사이의 차이, 즉 아이가 꼭 실행하겠다고 스스로 정해놓은 한계와 부모가 세워준 한계의 차이에 대해서도 이야기를 나누라. 결국, 자녀가 이성 교제를 하는 양식이 얼마나 건전하느냐는 궁극적으로 부모가 세워준 규칙이 아니라, 엄마 아빠의 간섭 없이 십대 자녀가 스스로 내린 결정에 따라 달라진다. 따라서 부모는 야간 통행 금지 시간이나 아이에게 가하고자 하는 다른 제한들의 긍정적인 면에 대하여 확실하게 이야기해주어야 한다.

▫ 독립하고자 하는 욕구가 나날이 커지는 게 사춘기 자녀들과 그들의 이성 교제의 특징이기는 하지만, 부모는 가정을 자녀와 그 친구들의 마음을 사로잡는 장소가 되게 함으로써 가족간의 건전한 유대 관계를 지속할 수 있도록 격려하라. 부모는 재미있는 행사를 계획하고, 함께 즐길 수 있는 유쾌한 취미를 택하고, 젊은이들의 존경을 받으며, 심각한 화제를 그들과 쉽게 이야기하는 법을 익히라. 그렇게 하자면 부모는 식사 비용을 부담하거나 사생활이 침해당하는 따위의 대가를 치러야 하지만 대신 마음의 평화와 십대 자녀와 친밀한 교제라는 보답을 받게 될 것이다.

아이는 나름대로 이성 친구를 사랑하고 교제하겠지만 이에 성공하는 데는 늘 부모의 도움과 끊임없는 기도를 필요로 한다. 여기에 대한 보답은 훗날 아이가 튼튼한 가정을 세우고 행복한 생활을 계속해갈 때 받게 될 것이다.

13

청결이 몸에 배게 하라

"주변이 깨끗한 사람은 마음도 깨끗하다"는 옛 격언을 기억하는가? 만일 우리 아이들이 이 한 마디의 말만이라도 마음에 새길 수 있다면 얼마나 좋을까! 아이들이 밥을 먹은 뒤에 끔찍하게 어질러진 채로 내버려 둔 식탁은, 단정한 것을 소중히 여길 줄 아는 가치관이란 타고나는 게 아니라 배우고 익혀야 하는 것임을 설득력 있게 보여준다. 아이들에게 청결과 질서를 심어주는 유일한 길은 끊임없이 본을 보여주고 끈덕지게 가르치는 길뿐이다.

다행스럽게도 청결과 질서가 학습되는 기질인 까닭에 아이들은 긍정적인 습관을 가질 수 있다. 만일 유전적인 기질이었더라면 부모들이 가진 나쁜 습관을 그대로 물려받게 되었을 것이다. 이제 문제는 습관을 '어떻게' 가르치느냐다.

■해답은 우선 부모된 우리들이 갖고 있는 의사 전달 능력에서 찾을 수 있다. 부모는 자녀를 위해 세워놓은 목표를 달성하려는 노력을 시작하기 전에 아이들에게 그 목표를 효과적으로 전달해야 한다. 그리고 자기

훈련이 된(self-disciplined) 인간을 만드는 것이 이 일을 통해 가르쳐주고자 하는 가장 중요한 목표임을 아이에게 알려주어야 한다.

■아이는 자신에 대한 엄마 아빠의 기본적인 소망이 '스스로 책임지는 사람'이 되는 것임을 알 필요가 있다. 아이가 왜 자기 통제라는 목표에 도달해야 하는지 이해하고 있지 못하면, 자녀의 행동을 바꾸어보려는 부모의 노력은 늘 허사가 되고 말 것이다. 그러나 '스스로 책임진다'는 관념을 받아들인다면 부모의 수고는 줄어들게 되며 아이는 어른이 되어서도 건전한 습성을 계속 유지할 수 있다.

부모와 자녀 사이의 의사 전달 가운데 대부분이 태도나 행동으로 말하는 비언어적인 표현이라는 사실을 염두에 두고서, 아이에게 청결과 단정함의 가치에 대해 가르칠 수 있는 몇 가지 방법을 정확하게 추려내보자.

□두 가지 곤란한 질문을 던짐으로써 시작하라. (1)부모 스스로는 지속적으로 모범을 보이지 못하면서 아이에게만 요구하는 행동은 없는가? 부모가 자기 일은 그냥 모르는 척하고 있지는 않는가? 자신이 먹고 난 자리는 깨끗이 치우는가? 자신이 세우는 표준을 얼렁뚱땅 넘어가지는 않는가? (2)부모가 요구하는 질서에 대한 기대 수준이 아이의 성장 발달 수준에 비추어 적당한가? 아이에게 어른 수준의 행동을 기대해봐야 결과는 항상 실패일 뿐이다.

□아이들에게 부모가 요구하는 과제를 감당하는 방법을 확실하게 일러주라. 옷은 어떻게 개며, 방 정리는 어떻게 하는지, 그리고 목욕통은 어떻게 닦는지 아이에게 교육할 필요가 있다. 어떻게 하는지 보여주기 위해

서 집안일을 한 번쯤은 자녀와 함께 하라. 죠이 베리(Joy Wilt Berry)의 저서 「엄마 아빠가 방 좀 치우라고 말씀하실 때(What to Do When Your Mom or Dad Says, "Clean Your Room!")」는 아이가 자기 방을 치우는 일을 어떻게 하면 좋은가에 대해 아주 뛰어난 안내를 해주고 있다.

□ 하사관 증후군(sergeant syndrome)에 빠지지 않도록 하라. 우리는 힘없는 졸병들에게 고래고래 소리를 지르며 명령을 내리는 사나운 하사관의 왕왕거리는 목소리를 알고 있다. 졸병은 그저 겁이 나서 복종할 뿐이다. 그러나 자기 내무반에 돌아왔을 때 그 하사관에 대해서 하는 얘기는 얼마나 노골적인가! 이것은 부모와 자식의 관계에 적용해보아도 틀림이 없다. 아이에게 어떤 일에 대한 동기를 부여할 때 부모답게 하는 것이 겁을 주는 것보다 훨씬 더 효과적이다.

□ 일방적으로 지시하거나 명령하지 말고 대신 선택하게 하라. "방을 청소하겠니, 아니면 오늘 저녁에 텔레비전을 보지 않겠니?" 이제 선택은 아이에게 달려 있다. 만약에 아이가 방 치우기를 선택하지 않았다면, 그것은 의식적으로 텔레비전 보는 특권을 버린 것이다. 이처럼 선택을 하게 하는 것은 아이로 하여금 책임 의식에 토대를 둔 의사 결정 과정을 이끌어내게 하려는 것이다. 이것은 무엇과도 비길 수 없는 귀중한 훈련이다.

□ 화를 내지 말고 온화함과 엄격함을 병행하라. 화가 잔뜩 나서 엄하게 명령하는 경우가 흔해지면 아이는 부모가 화가 났다는 사실을 알아채기 전까지는 아무런 반응도 보이지 않을 것이다.

□ 아이가 부모의 요구를 거부할 때 놀라지 말라. 그건 사실 흔한 일이다. 부모는 조용하게 자신이 말한 것이 무슨 뜻이며, 거기에는 군말이 필요없다는 점을 지적하라. 예를 들어 이런 식으로 해보라.

"조안, 어머니 오시기 전에 부엌 청소 좀 하겠니?"

"아빠, 하지만 난 지금 외출하려고 하는데요."

(조용하게) "그래, 네가 친구와 함께 외출하고 싶어하는 건 알겠다. 부엌 청소를 가능한 한 빨리 해치우고 가면 되겠구나. 행주는 서랍 속에 있더라."

여기서도 부모는 하사관 증후군에 빠지지 않도록 조심해야 한다. 아이의 소망을 인정하기는 하되, 자신이 요구한 것에 대해서는 여전히 단호한 태도를 취하는 것이다. 아이들은 항의해봐야 별로 좋을 게 없다는 사실을 한 번 알게 되면 부모의 말을 따를 것이다. 이런 점에서 서로 기분이 나빠지지 않도록 만드는 열쇠는 엄마 아빠의 인내심이다.

□ 판단하기를 삼가라. 아이는 그럴 만한 자리에 있는 사람들로부터 끊임없이 평가를 받고 있다. 공부를 잘해야 한다느니, 착한 아이가 되어야 한다느니, 일을 잘해야 한다느니 하는 얘기를 듣고 있다. 착한 아이가 되는 것이 분명 죄는 아니다. 그러나 가장 중요한 동기가 어른들을 기쁘게 해주는 데 있다면 책임이라는 면보다는 순종이라는 측면에 초점이 맞추어지게 된다.

□ 부모의 요구에는 탄력성이 있어야 한다. 가능하다면 아이로 하여금 부모의 요구를 자신의 시간 계획에 맞추게 하라. 물론 이것이 악용되어서는 안 된다. 아이에게 선택하게 하라. "네가 목욕하러 들어가는 시간을 내가 정해줄까, 아니면 네가 직접 정할래?"

□ 힘과 힘이 맞부딪힐 때는 일단 한 발 물러서라. 아이들에게는 자기 주장에 도움이 된다고 생각하면 따지고드는 경향이 있다. 마음이 냉정하게 가라앉기 전에는 절대 아이와 논쟁을 벌이지 말라. 아이를 의사 결정

과정에 참여하지 못하게 하라는 뜻은 아니다. 부모가 가르치고자 하는 내용이 아이에게 이미 초미의 관심사가 되어 있다는 사실을 알면서도 듣지 않는 귀에다 대고 구구한 설명을 늘어놓을 필요는 없다는 뜻이다.

아이를 가르치는 데 온 힘을 쏟은 뒤에는 그 위에 인내심을 더하라. 아이는 아이일 뿐이다. 아이는 작은 어른이 아니다. 부모의 요구 뒤에 오래 참아주는 사랑이 숨어 있다고 느끼게 되면, 아이는 청결과 질서가 얼마나 소중한지 아직 확실하게 인식하지 못했더라도 호의적인 반응을 나타낼 것이다. 그러나 청결과 질서의 가치를 배우고 키워가는 과정에 대해 성숙한 자부심으로 갖게 될 날은 반드시 찾아온다.

2부

태도

아이들은 부모가 무슨 말을 했는지는
쉽게 잊어버릴지 몰라도…엄마 아빠로부터
받은 느낌은 절대 잊지 않는다.
-칼 뷰너(Carl W. Buehner)-

우리는 예수 그리스도께서
보여주신 것과 같은 태도를 지녀야 한다.

14
성공적으로 '성공'을 가르치라

얼마 전까지만 해도 부모들 가운데 십중 팔구는 스스로를 향해 이렇게 말하곤 했다. "나는 대니(Danny)나 제니퍼(Jennifer)가 얼마나 많은 일을 해내느냐에는 정말 관심이 없다. 다만 무슨 일을 하든지 최선을 다해서 결국 성공하길 바랄 뿐이다."

우리 문화 속에서 '성공'은 대단한 일로 평가된다. 이 사회가 성공 지향적인 사회라는 생각마저 들 정도다. 아이들이 성공해야만 한다는 피할 수 없는 중압감에 시달리는 것도 전혀 무리가 아니다. 이런 압력은 여러 곳에서 들어온다. 부모나 교사, 친구들이 압력을 가하는가 하면, 심지어 스포츠, 연예계, 정계 및 재계에서 이른바 '성공한' 수많은 인물들을 본받아야 할 대상으로 추켜 세우는 잡지나 텔레비전도 압력 요인이 된다.

그러나 이 모든 요인 가운데 영향력이 가장 큰 것은 바로 '부모'이다. 성공의 중요함에 대해 엄마 아빠가 전달해준 내용은 아이가 '성공적으로' 성장 과정을 밟게 될 것인지, 아니면 중간에 뒤틀리고 말 것인지를 크게 좌우한다. 가장 중요한 것은 아이가 '성공'에 대해 나름대로 정의를 내릴 수 있도록 도와주는 일이다. 부(富), 인기, 권력 등 이 세상이 성공이라고 정의하는 것들에 대한 분명한 대안이 필요하다. 하나님의 뜻을 이루어가는 것이 인생의 참 성공임을 아이가 깨닫도록 이끌어주라. 이런 삶은 하나님을 기쁘시게 하기 때문에 우리에게도 만족을 준다. 아이들이 하나님의 시각으로 '성공한다는 것'의 가치와 본질을 분별하는 자신의 가치관을 갖도록 도와줄 수만 있다면, 우리는 부모로서 성공한 것이다.

또 이러한 전체적인 목표 안에서 부모는 자녀가 풍성한 삶이라는 건물을 짓는 데 벽돌로 쓸 만한 작은 성공을 거두도록 도와주어야 한다. 아이들이 맡겨진 과제를 해결하고, 여러 가지 기술들을 몸에 익히며, 인격적인 장점들을 갖출 수 있는 성공적인 틀을 마련하게 되면 장차 마주치게 될 성공을 붙잡는 데 필요한 능력과 자신감을 갖게 될 것이다. 다음은 아이들을 지도하는 원칙들이다.

■ 부모가 성취감을 느끼고 싶어하는 분야와 아이가 바라는 것을 잘 구별하라. "하지만 아빠, 난 여전히 축구가 하고 싶단 말예요!"

■ 아이의 기질, 능력, 현재의 한계 따위를 잘 조화시켜서 아이가 성공할 가능성을 높여주라. 주의 지속 시간(attention span)을 짧게 주라. 가령, 30분짜리 음악 시간 하나보다 15분짜리 둘이 더 나을 수 있다는 말이다.

■ 칭찬과 꾸짖음도 좋지만 격려해주는 것이 더 유익하다. 제대로 해놓은 게 아무것도 없을 때라도, '자신이 얼마나 소중한 존재인지'에 초점을 맞추어 지속적으로 격려함으로써 아이를 바르게 세워줄 수 있다. "너는 함께 지내기에 참 좋은 아이구나. 나는 네 모습 그대로 널 사랑한단다. 무슨 특별한 일을 하지 않아도 좋아."

■아이가 어떤 일을 해냄으로써 갖게 되는 기꺼운 감정, 즉 의기 양양함, 성취감, 뿌듯함, 확신 등을 누리고 표현하게 하라.

■아이의 동기를 유발하기 위해 '실패자의 괴로움'을 들먹이지 말라. "좋은 점수를 받지 못하면 사회에 나가서 명함 내밀 데가 없단다." 흔히 이런 협박은 무슨 예언이라도 되듯 실패를 불러온다.

■아이들이 자기만의 독특한 방법으로 성공을 체험하도록 도와주라. 형제 자매 사이에 자연스러운 차이점들이 생기게 하라. 한 아이가 다른 아이를 그대로 따라가기를 기대하지 말라.

■아이가 가치 있는 목표를 세우도록 이끌어주라. 예를 들어, 아들에게 학교에서 여자 친구 많기로 첫손꼽히는 것보다는 어떤 기준에 따라 데이트를 하느냐가 더 중요하다는 사실을 알려주라.

한편, 아이들은 태어날 때부터 성공하고자 하는 열의를 가지고 있음을 잊어서는 안 된다. 깊은 좌절에 빠진 아이만이 부모와 교사, 그리고 하나님을 기쁘게 해드리려고 노력하지 않는 법이다. 부모는 아이들이 자신을 사랑이 많으신 하나님께서 특별하게 만드신 가치 있는 존재로 파악하도록 도와줌으로써 회복 불능의 절망 상태에 빠지는 것을 막을 수 있다.

□아직 학교에 들어가지 않은 아이들에게 이제 새롭게 펼쳐질 일들이 얼마나 즐거운 것들인지 알려주라. 그러면 아이가 자존감을 형성하는 데 생각지도 못했던 놀라운 효과를 얻을 수 있다. 이 또래의 아이들에게 분에 넘치도록 물질적인 사랑을 베푸는 것은 옳지 못하다. 아이는 부모가 도와주려고 할 때마다 으레 장난감이 생긴다고 생각하게 될 것이기 때문이다.

ㅁ초등학교에 다니는 아이는 또래 집단에서 가치 있는 존재로 인정받았을 때 유난히 성취감을 느낀다. 아이가 또래 집단(peer group)에서 중요한 인물이 되면, 학교 성적이나 집안일을 더욱 의미 있게 받아들일 것이다. 부모는 이것을 계획적으로 이용하여 아이로 하여금 형제 자매, 또는 친구들을 돕게 하거나 아니면 특별한 일을 맡아 해결해보도록 이끌 수 있다.

ㅁ십대 초반에 들어 선 아이들에게는 가족이라는 울타리 밖에서의 개인적이고 집단적인 성취가 특별한 의미를 갖기 시작한다. 부모는 자녀의 성장 과정을 도와주면서 그 곁에 있으라. 특히 자녀들이 성적인 차이를 인식하고 이해하기 시작할 때 아이들과 더욱 가까워지라.

ㅁ고등학교에 다니는 아이들은 긍정적으로 자라도록 도와주며 독립심을 키워줄 힘센 어른의 역할 모델(role model)을 필요로 한다. 이 아이들을 어른들이 하는 일과 오락에 참여시킬 방법을 찾아보라. 부모가 '데이트' 하는 데도 함께 가고 사업차 출장가는 데도 데리고 가라. 가족끼리 할 수 있는 다양한 활동을 마련하라. 아이가 처음 얻은 직장에서 성공하는 데 보탬이 되도록 최대한의 격려를 아끼지 말라.

마지막으로, 부모에게 눈길을 돌려보자. 부모는 자신이 가르치는 성공에 대한 가치 기준을 몸소 실천해보여야 한다. 부모는 자신의 삶 속에서 성공을 어떻게 정의하고 있으며, 또 어떤 방법으로 성공을 얻어내는가? 부모의 성공이 곧 아이의 성공이 되고 아이의 실패가 곧 부모의 실패가 되도록 자녀와 하나가 되라. 그 무엇보다도 성공적인 삶이란 과정이지 결과가 아님을 명심하라.

15

집안일에 참여시켜라

어릴 때 맡아 하던 집안의 허드렛일들은 우리 나이 든 사람들 대부분에겐 정겨운 추억거리다. 그러나 슬프게도 요즘 아이들은 정해진 집안일을 하면서 얻을 수 있었던 귀중한 품성들을 놓쳐버리고 있다. 우리 사회가 더 많은 여가 시간과 일손을 더는 장치들을 추구해온 결과, 집안일 돕기는 이제 사라져버린 교육 수단이 되고 만 것이다.

그러나 어찌 됐든 아이들에게 허드렛일을 나누어 시키는 것은 책임과 의무를 가르치는 가장 생산적인 방법이다. 산업화된 현대 사회에서는 옛날처럼 자녀들이 부모가 하던 일을 물려받는 방식(농업의 경우에 이런 방식이 흔했다)으로 어른이 되어 살아갈 기술을 습득하는 것이 어렵게 되었다. 어른들이 하는 일은 대부분 기술적으로 지나치게 복잡하고 작업 현장도 집에서 너무 멀리 떨어져 있다.

하지만 아직도 가정은 더욱 가치 있는 일들을 해낼 수 있는 기술을 배우는 장소가 될 만하다. 일을 통해서 아이들에게 만족감을 심어주는 동시에 아이들 스스로 부지런함이나 오래 참음 따위의 소중한 자질들을 계발하는 결실을 거두게 될 것이다. 그리고 아이들이 자기가 할 수 있는 일의 범위를 넓혀가기 시작할 때, 그 자질들은 자신감의 원천이 될 것이다.

아울러 아이에게 집안일을 하는 기술을 가르쳐주면 부수적으로 몇 가지 교육적인 효과를 볼 수 있다. 가령 접시를 닦으면서 수를 세고 계산하는 놀이를 할 수 있다. 은 그릇을 분류하게 하면 복잡한 것들을 잘 짜맞추는 기술을 배우는 데 도움이 된다. 또 밥상을 차리게 하면서 오른쪽 왼쪽 구분하는 법을 가르칠 수 있다. 사실 거의 모든 집안일이 아이가 적절한 지도를 받아서 몇 가지 과정들을 차례차례 밟아가며 활동하는 방법을 익히는 데 도움이 된다. 이것은 여러 가지 다른 교육적인 기술들을 배우는 데 중요한 토대가 된다.

집안의 허드렛일을 통해 아이들이 자신의 인격을 계발할 수 있도록 도와주는 일을 시작하기 전에, 엄마 아빠는 다음과 같은 기본적인 사항들에 대해 의견 일치를 보아야 한다. (1)남자가 할 일과 여자가 할 일의 역할 분담을 어떻게 이해할 것인가가 분명하게 규정되어야 한다. (2)가족 민주주의에 대한 성숙한 생각이 부모가 자녀들에게 요구하려는 계획의 밑받침이 되어야 한다. (3)우선은 아이가 부모가 원하는 수준까지 일을 해내지 못할지도 모르지만, 가장 중요한 목표는 이 과정을 통하여 자녀가 성장하고 발전하는 것임을 인정해야 한다. (4)어떤 방식으로 일거리를 나누어 주든지 가족들끼리 정상적이고 분명한 의견 교환이 없다면, 결국은 실패하고 말 것이다.

다음은 집안일을 돕게 함으로써 아이들의 인성을 계발하는 몇 가지 기본 원칙들이다.

□ 일찍 시작하라. 세 살짜리 아이는 장난감을 치울 수 있으며, 점차로

이불을 갠다든지 더러워진 옷은 빨래통에 넣고 새옷은 서랍 속에 챙기는 등 여러 기술들을 배울 수 있다. 다섯 살이 되면 상을 차릴 때 도와주거나 걸레질을 하고, 밥 먹은 그릇을 설거지통에 넣을 수 있으며, 심지어 진공 청소기로 방을 치울 줄도 알게 된다. 아이가 한 가지 일을 할 수 있기까지는 세 번 정도의 반복이 필요하지만, 그들은 '진짜 어른이 되는 일'을 한다는 큰 기쁨을 느낄 것이다.

□ 아이가 해보겠다고 나서는 일을 못하게 가로막지 말라. 여덟 살부터 열두 살에 이르는 기간 동안 아이들은 특별히 유익한 시기를 보내게 되는데, 이때는 부모가 하는 일을 그대로 따라하려고 한다.

□ 아이에게 집안일을 시킬 때 가능한 한 능력과 일의 재미를 잘 조화시키라. 아이들은 하고 싶은 일을 잘해냈다는 사실에 대해 큰 자부심을 갖게 될 것이다.

□ 선호도가 낮은 일이나 반대로 누구에게나 인기가 높은 일은 온 가족이 나누어서 돌아가면서 하게 하라.

□ 해야 할 일을 자세하게 적어주고, 어느 정도가 돼야 일을 잘한 것인지를 나타내는 평가의 기준을 분명히 하라. 평가 기준을 나름대로 해석하게 내버려 두면 나중에 문제의 소지가 된다. 이와 아울러 일을 보다 훌륭하고 빠르게, 더 쉽게 처리했을 경우에 조그마한 상을 주라.

□ 일이 어떻게 나누어 맡겨졌고, 어느 정도나 진척되었는지를 나타내는 도표를 그려서 붙여놓으라.

□ 칭찬을 아끼지 말라. 부모가 자녀의 잘한 일을 칭찬하기보다 잘못한 일을 나무라는 데 더 많은 시간을 쓰면, 아이가 바람직하게 바뀌기보다는 비뚤어진 행동을 함으로써 결국 그 평가대로 반응할 것이다. 후한 칭찬은

말하기도 좋지만 듣는 쪽에서도 절대로 기분 나쁜 일이 아니다.

▫ 여러 가지 견해들이 있지만, 부모들은 대부분 가족의 일원으로서 마땅히 해야 할 일을 한 것에 대해서는 아무런 대가도 치르지 말아야 한다. 단지 외부인에게 의뢰했더라면 일정한 요금을 치러야 했을 특별한 일을 했을 때만 약간의 수고비를 주라. 아이의 고정적인 재정 수요를 충족시키는 데는 용돈을 주는 것이 더 적합하다.

▫ 집안일을 그 가정의 특성과 전통을 세우고 유지하는 데 이용하라. "가족 모두를 위하여 함께 일하자"라든가 "권리와 의무를 나누어 지는 우리집" 등의 표어를 정하라.

▫ 이제 막 집안일을 나누어 하는 체계를 잡기 시작한 경우에는 온 식구가 함께 계획을 세우는 데 참여하라. 여러 가지 할 일들과 식구들 사이에서 일어날 수 있는 문제점의 목록을 작성하고, 일을 가족 모두가 골고루 나누어서 해야 하는 까닭에 대해 함께 이야기하라. 아이들은 남이 강요해서 하기로 한 일보다 자기 자신이 정한 책임을 훨씬 더 손쉽게 해낸다는 사실을 잊어서는 안 된다. 일을 소홀히 하거나 제대로 못했을 때는 어떤 벌을 받겠느냐까지 아이에게 정하도록 하라.

▫ 시간이 흘러감에 따라 아이가 변함없이 자기 책임을 다하도록 '보상 (when-then)' 정책을 쓰는 것도 도움이 된다. 아이가 기대했던 것만큼 또는 그와 비슷한 수준으로 일을 해내면 칭찬을 해주거나 어떤 특권을 준다든가, 아니면 아이가 원하는 일을 해줌으로써 격려하라.

▫ 이따금 아이에게 하기 싫은 일도 지정해서 해보도록 하라. 아이는 부모에게서 본받을 만한 섬기는 태도를 보게 될 것이고, 이것은 서로 대화하고 의견을 나눌 수 있는 자연스러운 상황을 마련해줄 것이다.

부모는 이 모든 과정에서 늘 공정하도록 노력해야 한다. 공정성이야말로 부모가 아이에게 심어주고 싶어하는 책임과 의무에 대한 성숙한 시각을 키워내는 열쇠가 된다. 집안일, 이것은 정말 즐겁고 보람된 일이다.

16

실패를 겁내지 않는 아이로 키우라

 부모들에게 이렇게 묻고 싶다. "실패의 두려움과 실패 그 자체 중 어느 쪽이 더 해로운가?" 사실 실패라는 행위 자체보다 실패하면 어떻게 하나 하는 두려움과 기분 나쁜 느낌들이 훨씬 더 치명적이다. 어떤 사람들은 실패하는 게 너무나도 두려운 나머지 병적인 반응(phobia)을 일으키기도 한다. 이른바 '과오 공포증(kakorraphiophobia)' 이 그것이다. 그리고 이것은 자기 암시 효과를 가져와서 결국 실패에 이르고 만다.

이런 류의 공포는 현대 사회를 사는 사람들이 성공을 숭배하기 때문에 유행하는 현상이다. 이러한 증상은 사람을 외톨박이로 만들고 무기력하게 만든다는 점에서 특히 위험하다. 그게 무슨 일이든지간에 어떤 일을 시작할 때면 사람들은 실패를 각오하고 출발한다. 그런 걱정을 하지 않을 수 있는 단 하나의 길은 아무 일도 벌이지 않고 가만히 앉아 있는 것이다. 새로운 영역에 뛰어들려고 할 때 우리는 위축되는 느낌을 가질 수도 있고 이럴까 저럴까 망설일 수도 있다. 주위 환경에 밀려서 어쩔 수 없이 어떤 일을 해내고 완성하지 않을 수 없는 경우에는, 스트레스 때문에 심리적으로나 신체적으로 커다란 부작용을 일으키도 한다.

어쩌면 강한 절망감을 느끼는 사람들은 대부분 어렸을 때 부모나 자기 자신이 세워놓은 성취 불가능한 목표를 이루려고 아직까지 자신을 혹사하고 있는지도 모른다. 또 우리에게 영향력이 있는 어떤 사람의 인정을 받기 위해 그 일을 해내기가 얼마나 힘든가 하는 것쯤은 전혀 개의치 않고 무모하게 덤벼드는 경우도 있다.

이와 마찬가지로, 아이들이 실패를 얼마나 두려워하느냐는 부모의 기대 수준과 성공하기 위해 애쓰는 과정에서 부딪히게 되는 부작용의 크기에 따라 달라진다. 성적, 취업, 교제 등에서 아이들이 자주 실패하게 되면 마치 실패자가 된 것 같은 느낌을 갖게 된다. 자존감을 잃어버리고 자신을 '변변찮은 아이'라고 생각한다. 부모가 개입해서 생각을 바꾸어주지 않는 한 가장 깊숙하고 파괴적인 형태의 죄책감과 절망감이 따라오는 경우가 많다.

부모된 우리가 해야 할 일은 자녀들이 실패했을 때라도 그 모습 그대로의 자신을 하나님의 아름다운 피조물로 볼 수 있도록 도와주는 일이다. 다음은 아이들을 도와줄 수 있는 몇 가지 방법들이다.

ㅁ 아이의 능력과 적성, 또는 좀더 성장해야 할 부분 등을 평가하라. 그리고 성공이 거의 보장되어 있고 실패의 두려움을 가질 필요가 별로 없는 활동으로 아이들을 부드럽게 이끌어주라.

ㅁ 아이들이 실패했을 때는 자신이 비록 성공하지는 못했지만 정당했다는 사실을 깨닫도록 도와주라. 아이들로 하여금 어디서 실수했고 대책은 무엇인지 판단해보게 하라. 우선 애쓰고도 얻은 게 없다는 스트레스부

터 없애주어야 한다. 부드러운 처방과 지도는 훗날 성공을 기약하는 토대가 된다.

□아이들이 실패했을 때 부모가 실패를 용납함으로써 자녀를 도와주라. 엄마 아빠의 실수와 아이의 실패를 모두 받아들이라.

□아이가 실패한 것에 대해 스트레스를 가하지 말아야 하며 화풀이하는 수단으로 이용해서도 안 된다. 자녀의 실패를 가볍게 넘겨버리고 성공에 더 신경을 쓰라.

□아이가 실패했다고 여기는 점들을 자세히 들으라. 어떤 일에 실패했다 해서 그 사람이 곧 실패자가 되는 것은 아님을 상기시켜주라. 부모가 일의 성취도에 따라서가 아니라 있는 그대로 자녀를 존중한다는 사실을 보여주라.

□사람들은 한 번쯤 실패했다 해도 끄떡 없으며 누구나 언젠가는 실패를 맛보게 된다는 사실을 차근차근히 가르쳐주라. 부모의 경우에도 그렇지만 아이들도 조금 모자라게 살 수 있는 용기가 필요하다.

□나이가 들었다고 해서 반드시 어린아이보다 실패를 잘 견뎌내는 것은 아님을 잊어서는 안 된다. 십대 청소년들이 반항하고 거칠게 행동하는 것은 그만큼 실패를 다루는 능력이 부족하다는 증거다.

□부모는 자신의 삶 속에서 실패에 대한 바람직한 본보기를 보여주어야 한다. 엄마 아빠가 실패했을 때 자녀들에게 그것을 숨기지 말고 정직하게 이야기해준 다음, 성공하려는 단호한 의지가 담긴 만회 계획을 설명해주라.

□상습적으로 실패를 겪는 아이는 실패의 가능성이 더 높다. 이런 아이는 워낙 실망이 커서 자신을 가치있고 사랑할 만한 존재로 생각하려는

소망을 거의 포기한 상태다. 관심을 끌려는 노력을 아예 해보려고도 하지 않기 때문에 부모의 기분을 상하게 할 만큼이라도 중요한 인물이 되고 싶은 생각조차 없다. 이런 상태의 아이들은 그저 혼자 있고 싶어서 자신의 부족함을 내세운다. 이런 아이들이 감정적으로 손상을 입고 있어서 전통적인 방법으로 벌을 줘봐야 더 비뚤어지게 만들 뿐이라는 것은 너무도 분명하다. 이들에게는 커다란 격려가 필요하며 경우에 따라서 전문가의 도움을 받아야 할지도 모른다.

마지막으로 생각해보아야 할 것은 부모가 아이들의 실패를 다루는 데 실패하면 어떻게 하겠느냐 하는 것이다. 부모 스스로가 과오 공포증에 걸리지 말고, 위에서 살펴본 내용들을 명심하며 하나님의 도우심을 구하라.

17

참된 자존감을 심어주라

 우리는 '자존감(self-esteem)'이라는 말을 흔히 들 쓴다. 아이들의 비행이나 심지어 어른들의 신경증적인 행동(neuotic behavior)까지도 자존감 결핍에서 온다고 말하기도 한다. 그렇다면 자존감이란 정확하게 무슨 뜻인가? 자존감이 생기게 하는 요소는 무엇인가? 특히 아이들의 자존감은 어디서 처음 시작되는 것일까?

간단히 말해서 자존감은 내면적인 사고(thought)와 신념(belief)을 가리킨다. 이러한 사고와 신념이 우리에게 "너는 정말 가치 있는 존재이며, 유능하고 호감이 가는 사람이야"라고 귓가에 속삭여주는 것이다. 자신에 대한 이런 생각들을 믿기로 작정하면 다른 사람들도 똑같은 방식으로 자신을 평가해주길 기대한다. 그리고 자신이 가치 있고, 유능하며, 호감을 가질 만하다고 굳게 믿기 때문에 마음이 열려 있고, 우호적이며, 낙천적인데다가, 부지런하고, 차림새가 단정하며, 진취적이다.

이와는 반대로 어른이나 아이가 자존감이 결핍돼서 자신을 무능하고, 호감이 가지 않으며, 아무 가치가 없는 사람이라고 느끼게 되면 스스로 애써봐야 결국 실패하게 될 뿐이라고 생각한다. 또 다른 사람들이 자신을 거부하고 내버렸으며 그들은 자기가 인생의 낙오자가 되기를 바랄 것이라고 지레 짐작한다.

따라서 이런 사람은 자기가 정말 좋아하는 게 무엇인지 남들이 알아채지 못하게 하는 데 온 힘을 쏟는다. 거부당하고 비난받고 있다고 생각하기 때문에 적대적이고 폐쇄적이 되며, 불친절하게 되기 십상이다. 어차피 실패할 것이라고 생각하는 까닭에 게으르고, 위축되며, 변덕스러워진다. 또 자신을 가치 없는 사람으로 여기므로 건강과 외모에 신경을 쓰지 않는다. 그렇지 않으면 속없는 사람들이 자신을 아름다운 인물이라고 믿도록 겉모양을 꾸미는 데 시간을 낭비하는 수도 있다.

부모가 이런 인과 관계를 이해한다면, 어떻게 반응하는 것이 자녀가 자존감을 형성하는 주요한 원천이 되는가 어렵지 않게 알 수 있을 것이다. 자존감은 기본적으로 어린 시절의 경험을 통해서 형성된다. 어렸을 때 만들어진 사고 방식은 나중에 고치기가 무척 어렵다.

자존감에는 다음과 같은 세 가지 기본 요소가 있다.

1. **안정된 소속감** 이것은 가족 안에서 중요한 위치를 확고하게 유지하는 체험에서 비롯된다.

2. **만족스러운 성취감** 아이들은 몇 가지, 가능하면 많은 일에서 성취감을 맛볼 기회를 가질 수 있어야 한다.

3. **가치 있는 존재로 여겨지는 기쁨** 지속적으로 진지하게 칭찬해줌으로써 아이가 계속적으로 자신이 가치 있는 존재라는 행복감에 젖게 해주어야 한다.

아이에게 건전하고 긍정적인 자존감을 심어주기 위해 부모가 취할 수 있는 몇 가지 유형의 태도들이다. 지금 사용하고 있는 접근 방법들과 비교할 때 어떤 느낌이 드는가?

ㅁ 먼저 부모 자신의 자존감 창고를 살펴보라. 아이에게 건전한 자아상을 심어주기 위해서는 부모부터 바른 자아상을 가질 필요가 있다.
ㅁ 어린아이에게 능력과 자신감을 키울 수 있는 기회를 주라. 아이가 자신과 주위 환경을 창조하고 완전히 파악하는 데 성공할 수 있도록 장난감을 사주고, 게임을 하게 마련해주며, 갖가지 기구들을 장만해주라.
ㅁ 아이로 하여금 무언가를 성취할 수 있는 자기만의 영역을 선택하게 하라. 부모가 어렸을 때 가졌던 야망이나 스포츠, 공부, 예술 등 부모의 못 다한 꿈을 이루도록 아이에게 강요하지 말라.
ㅁ 아이가 이야기하는 것을 진지하게 들으라. 자녀가 정말 흥미있는 사람임을 알게 될 것이다.
ㅁ 여러 가지 어려운 상황에서 어떻게 하면 좋을지 아이의 의견을 물어보라. 그렇게 하면 아이는 엄마 아빠가 자기 판단을 경청한다는 사실을 알게 될 것이다.
ㅁ 아이의 계획 가운데 미심쩍은 부분이 있으면 비웃지 말고, 새로운 정보가 나타났을 때는 상황을 재평가하고 계획을 수정할 수도 있다는 사실을 깨닫도록 도와주라.
ㅁ 아이를 한 인격체로 보라. 자녀들을 서로 비교하지 말라. 저마다 장단점이 있음을 강조하라.
ㅁ 아이가 특히 자신의 문제를 잘 드러내지 않을 때만 함께 토론하라.

□아이의 별명, 특히 부모가 사용하는 별명에 신경을 쓰라. 아이를 조롱하는 별명이나 '거북이'처럼 겉으로 보기에는 아무 문제가 없어 보여도 실제로는 아이의 바람직하지 못한 성품을 나타낼 수도 있는 별명은 쓰는 것을 자제하라. '대장'이나 '꼬마 아가씨' 따위의 긍정적인 별명을 개발하라.

□아이가 친절하거나, 이타적이거나, 단정하거나, 남을 잘 도와주거나, 자기 훈련이 잘 되어 있거나, 창의적이거나, 부지런하거나, 또는 그밖의 어떤 다른 칭찬해줄 만한 점이 있으면 빼놓지 말고 칭찬하라. 아이들은 자신이 그런 부분에서 뛰어나다는 사실을 알게 될 것이다. 진실한 칭찬을 받고도 속상해 할 사람은 아무도 없다.

□아무리 작은 것이라도 아이에게 좋아진 점이 있으면 지적해주고 박수 갈채를 보내라. 그렇게 하면 아이가 낙천적인 태도를 배우게 될 것이다.

위에서 열거한 것과 정면으로 대치되는 접근 방법은 결국 자존감을 파괴하는 결과를 가져올 게 분명하다. 부모가 보여주는 부정적이고 비판적인 내용의 반응들은 아이가 자존감을 잃게 하는 데 아주 효과적이다.

□아이를 판단하고 조롱하며 꾸짖지 말라. 그런 꾸짖음을 들으면서 아이는 자신이 근본적으로 무언가 잘못되었다고 생각하게 된다.

□자녀에 대하여 계속해서 무슨 결정을 내리지 말라. 그렇게 하면 아이는 자신의 판단은 무조건 좋지 못하다는 결론을 내리게 될 것이다.

□아이가 실수 투성이고 부족한 점이 많음을 지적하지 말라. 그것 하

나만 가지고도 아이가 무언가 할 수 있다는 자신감을 전혀 갖지 못하게 만들지도 모른다. 아이는 곧 자신을 사랑하지 않게 되고 다른 사람 역시 사랑하려 하지 않을 것이다. 아이는 "엄마랑 아빠는 나보다 크고, 힘도 세고, 더 똑똑하니까 그 분들 생각이 다 옳을거야. 난 뭔가 잘못된 게 틀림없어!"라고 생각하게 된다.

　아이들은 위와 같은 자기 평가에 근거해서 자신이 어떤 사람이라고 결론을 내린다. 아이가 내린 결론은 말할 수 없이 중요하다. 그리고 부모만이 참된 자존감 형성이라는 엄청난 선물을 안겨줄 수 있다.

18
감사함을 표현하게 하라

 우리집 귀여운 '천사'가 환한 얼굴로 두 눈을 반짝이며 새로 사준 그네에 처음으로 아슬아슬하게 올라타고 발을 구를 때의 느낌을 우리는 알고 있다. 아이는 그 조그마한 팔로 엄마의 목을 끌어안고서 "엄마, 고마와요!"라고 소리칠 것이다. 또 이제는 다 큰 아들 녀석이 다정스럽게 등을 두드리며 "아빠, 차를 쓰게 해주셔서 정말 감사합니다. 언제나 아빠가 최고예요"라고 한 느낌도 잊을 수 없다.

한편 아이가 선물을 받고도 말 한마디 없을 때 느꼈던 그 당황함도 우리는 알고 있다. 또 남에게 베풀어준 호의가 깡그리 무시될 때 느꼈던 깊은 실망감 역시 우리에게 낯설지 않다.

무엇이 잘못되었는가? 아이들의 마음속에 지속적이고 자발적인 참 감사의 정신을 심어주려면 어떻게 해야 할까?

■최근 실시된 여러 가지 조사에 따르면 아이들의 눈에 비친 엄마 아빠의 관계만큼 그들의 가치 체계에 영향을 주는 것은 없다고 한다. 엄마 아빠가 서로에게 감사하는 모습을 얼마나 자주, 얼마나 공개적으로 아이

들에게 보여주고 있는가?

■ 감사하는 마음을 키워주는 또 다른 열쇠는 부모가 아이의 존재에 대하여, 그리고 아이가 한 일에 대하여 자주 감사하는 것이다. 그렇게 함으로써 부모는 자녀의 자존감을 확인해주게 된다. 아이가 부모의 감사와 인정을 통해서 더 큰 안정감을 느끼게 되면 다른 사람에 대해서도 보다 자유롭게 개인적인 고마움을 표시할 줄 알게 된다.

아울러 부모들은 아이들에게 감사의 문제가 그렇게 어려운 까닭은 무엇일까 하고 생각해보아야 한다. 우선 아이들이 진정으로 '고맙다' 고 말할 때 그것은 의지의 표현이므로 노출될 때 상처받기 쉽다. 바로 이것 때문에 아이에게 어른 수준의 감사 표현을 요구함으로써 조그만 일에도 감사할 줄 아는 정신을 놓쳐버리는 실수를 범하지 않도록 주의하는 것이 중요한 것이다. 부모는 아이가 고마움을 표현하는 방법에서 나이에 걸맞게 행동하는 것을 그저 받아들일 수 있을 만큼 민감해야 한다.

또한 참된 감사란 시켜서 되는 일이 아니라는 사실도 인정해야 한다. 고맙다고 느끼지 못하는 데 대해서 죄스럽게 생각하도록 만들어봐야 별도움이 되지 않는다. 오히려 아이에게 고마운 마음이 들지 않는 참 이유가 무엇인지 찾아보는 것이 더 좋은 접근 방법이다. 아이가 무슨 말을 했는가? 아이들은 지금 불안, 공포, 분노, 복수심, 관심을 끌고자 하는 절망적인 느낌 따위를 터뜨려버리고 싶은지도 모른다. 그런 메시지에 귀를 기울여서 아이들의 필요를 채워준다면 감사하는 마음은 곧 회복될 것이다. 아이는 부모의 그러한 무조건적인 사랑에 감사하게 된다.

나이에 맞게 감사하는 태도를 가르쳐주기 위해서 해야 할 몇 가지 특별한 일들이 있다. 그 중의 일부를 여기에 적어본다.

ㅁ아직 학교에 들어가지 않은 아이들은 극히 자기 중심적이기 쉽다. 이것은 건강하게 자라기 위해서 꼭 필요한 부분이기도 하다. 이 또래의 아이들은 "참 착한 애로구나"라는 칭찬을 듣고 싶어서 고맙다는 말을 한다. 아이의 어떤 특성에 대하여 자유롭고 공개적으로 아이와 하나님께 감사의 표현을 하라.

ㅁ어린 자녀와 함께 '고마운 내 몸' 게임을 해보라. 돌아가면서 신체 각 부분이 지닌 저마다의 기능에 대하여 감사하게 하는 것이다. 예를 들면 이런것이다. "나의 팔아, 밥 먹는 걸 도와주니 참 고맙다."

ㅁ초등학교에 다닐 나이가 된 아이들은 창의적으로 감사를 표현하는 일에 긍정적인 반응을 표시하게 하라. 특히 생일이나 어버이 날 등 특별한 기념일에 그렇게 하는 것이 좋다.

ㅁ가족들 사이에 직접 만든 감사 카드를 주고받는 전통을 세우라. 우리는 무심코 넘겨버리지만 사람들은 우리를 위하여 끊임없이 무언가를 하고 있다. 가끔은 온 가족이 함께 간단한 카드를 만들고 이처럼 조그마한 고마움을 적어보내는 시간을 가지라.

ㅁ '감사의 병 돌리기' 게임을 하는 것도 유익하다. 한 사람이 병을 돌린 뒤에 병 주둥이가 가리키는 사람에 대해 특별하게 떠오르는 고마운 마음을 표현하는 것이다. 감사의 말을 들은 사람은 다음에 병을 돌리는 술래가 된다. 다른 사람이 이야기하는 감사의 표현을 들었을 때 기분이 어땠는지 서로 말해보라.

ㅁ이따금 집안에서 자기에게 잘해주었던 식구에게 편지를 쓰게 하라.

할머니 할아버지가 될 수도 있고, 아이를 돌보는 아주머니나 선생님이 될 수도 있다. 우편 배달부 아저씨가 배달한 편지함에서 자기 앞으로 된 감사 편지와 과자 한 묶음을 찾아냈다면 어떤 느낌이 들지 생각해보라.

ㅁ다음에는 자동차를 타고 가면서 잠깐 틈을 내서 'ㄱ'부터 'ㅎ'까지 감사할 조건들을 찾아보라. 'ㄱ'으로 시작하는 것부터 차례대로 감사할 만한 조건들을 생각해내서 주님께 감사하라. "주님, 가족을 주셔서 감사합니다… 강… 거울… 건물…" 이어서 'ㄴ'과 'ㄷ', 그밖의 다른 철자로 넘어가라. 'ㅌ'처럼 어려운 문자에서는 융통성을 발휘하라.

ㅁ십대 초반에 들어선 아이들에게는 선물을 준다든가 과제를 도와주는 것은 특히 중요한 감사의 요인이 된다. 이 또래의 아이는 다른 사람의 필요에 반응하는 능력이 더욱 커진다. 그리고 다른 사람의 도움을 받아 자신의 필요를 채우게 되면 아이들은 고맙다는 말을 하는 데 아무런 거리낌이 없다.

ㅁ사춘기는 다시 한번 자기 중심적인 태도가 강해지는 시기이다. 이 시기에 아이들은 자신을 남과 다른 한 개인 이상의 어떤 존재로 파악하기 시작한다. 부모는 십대 자녀들에게 물질적인 선물뿐 아니라 존경이나 신뢰, 개인적인 시간 등 정서적인 선물도 주고 있다는 사실을 분명하게 인식시키라.

ㅁ부모는 가족의 한 사람으로서 하나님께 공개적으로 자발적인 감사를 드리는 습관을 키우라. 가족이 모여 함께 기도할 때 무언가 간구하기 전에 찬양하고 감사하는 기도를 잊지 말라. 밤하늘의 찬란함이나 새 인형을 얻는 기쁨 따위의 사소한 즐거움들을 아이와 함께 나누라. 아무 부끄러움 없이 큰소리로 "하나님 감사합니다"라고 외친다든가 찬양을 부름으

로써 이 작은 일들이 주는 기쁨을 마무리지으라. 그리고 일이 잘 풀리지 않을 때라도 "범사에 감사"(살전 5:18)하기를 잊지 말라.

□ 추수감사절을 가정에서 감사에 초점을 맞추는 좋은 기회로 삼으라. 저녁 상에 둘러앉아 하나님께서 주신 특별한 선물들에 대해 온 가족이 짧은 말로 감사 기도를 드리라. 식사를 하면서는 가족끼리 서로에게 감사하는 말을 하라.

이 모든 것을 통하여 엄마 아빠가 자녀에 대해 감사하는 것을 아이들이 보고 듣게 하라. 아울러서 아이를 잘 돌본 자신에 대해서도 감사하라.

19
창조적인 발상을 후원하라

어떤 식으로든 장난을 치기 시작할 때쯤이면 모든 아이들이 창의적이다. 그러나 아이들이 나이를 먹게 되면 무슨 이상한 일이 생기나보다. 아무것도 서슴지 않으며 쉴새 없이 탄성을 터뜨리던 천진 난만함은 사라지고 몇 안 되는 소수의 사람만이 대량 생산의 시대, 비인간적인 관료주의의 시대, 규격화된 무개성의 시대, 전자 통신의 시대에서 창조적인 삶을 계속 꾸려 나가고 있다.

그럼에도 불구하고 우리는 하나님의 형상대로 지음받았으며, 우리 안에 거하시는 성령님은 모든 일에 있어서 우리가 창의적이 되도록 도와주신다. 또 각 사람이 가진 창의력 가운데 얼마만큼씩은 유전되는 자질이라 하더라도, 부모된 우리가 아이들이 가진 창조적인 소양을 키워줄 수 있는 여지는 아직도 많이 남아 있다.

무엇보다도 우리가 깨달아야 할 가장 중요한 것은 창의력이란 아이들이 참된 자존감을 갖도록 존중해주는 분위기 속에서 계발될 수 있다는 점이다. 지속적인 사랑과 칭찬, 그리고 무수한 포옹이야말로 창조 정신이 자라날 수 있는 환경이다. 그러므로 이제부터 핵심적인 원칙들과 행동 지침들을 찾아보기로 하자.

▫ 부모가 아이의 능력에 대해 전적으로 신뢰하고 있음을 보여주라. 서둘러서 지나치게 많은 해답을 주려는 어른들의 취향을 버리라.

▫ 아이가 모험을 하도록 내버려두라. 자녀와 관계를 즐기는 것과 시험하는 것 모두가 부모를 자유롭게 한다. 창조적인 자유란 성실하게 규칙을 지키는 것과 그만큼 성실하게 미지의 세계에 대한 모험 정신을 갖는 것이 조화를 이루고 있는 상태를 말한다.

▫ 아이가 새로운 도구나 재료를 실험해볼 수 있도록 규칙적인 도움을 주라. 모든 활동이나 실험 결과는 무슨 커다란 효용 가치가 있는 것이어야 한다고 주장하지 말라. 진정한 창조는 보통 수많은 실패를 겪은 뒤에 나타난다.

▫ 어린아이들에게 역할극(role play)을 통해서 자기 자신을 표현해보게 하라. 부모가 좋은 남성과 여성의 역할 모델을 동시에 보여주고 있는 경우라면, 남자 아이에게는 인형을 주고 여자 아이에게는 트럭을 주어보는 것도 재미있다. 남자 아이에게도 민감하고 감정이 풍부할 수 있는 자유를 주라. 또 여자 아이에게도 결단력을 발휘할 기회를 주라. 그리고 창의적인 표현을 할 수 있는 건전한 분위기를 솔선 수범해서 만들라.

▫ 규칙적으로 좋은 책이나 음악, 또는 예술 작품을 보여줌으로써 아이들에게 자극을 주라. 아이와 함께 국·공립 도서관을 샅샅이 뒤지기도 하고, 라디오에서 새로운 방송 주파수를 찾아보기도 하고 박물관이나 근처에 있는 화랑에 가보기도 하라. 창조적인 활동에는 현존하는 사고나 물체를 얼마만큼씩 떼어서 조합시키는 것도 포함되기 때문에 창조 정신은 수

많은 탐색이라는 토양 위에서 번성한다. 그러므로 새로운 개념이나 물체를 더 많이 듣고 보면 볼수록 창조적인 사고를 할 수 있는 잠재력은 그만큼 더 커진다.

▫ "그건 별볼일 없어"라고 일축해버림으로써 편견없는 아이의 생각을 서둘러 망가뜨리지 말라.

▫ 질문을 적극 장려하라. 아직 학교에 들어가지 않은 자녀가 부모가 대답해줄 수 있는 한계 이상으로 질문을 해오더라도 회의하는 정신이 곧 창조적인 정신임을 잊지 말라. 아이가 더 좋은 질문, 더 날카로운 질문 던지는 법을 익히게 도와주라. 아이와 함께 해답을 찾으라.

▫ 아이가 실수를 했을 때 긍정적으로 접근하는 방법을 개발하라. 중대한 실수에 대해서 벌을 주더라도 잘못한 행동을 꾸짖는 것이지 아이의 인격 자체를 나무라는 것이 아님을 분명히 하라. 자녀에게 벌을 주면서 "어쩌면 그렇게 멍청한 일을 저지를 수가 있니?"라든가 "뭐 하나 제대로 하는 게 없구나!" 따위의 아이의 자존감을 상하게 만드는 모욕을 가하지 말라.

▫ 아이가 창조한 것이나 해낸 일, 또는 경험한 일의 가치를 인정하라. 성급하게 "어쩌자고 그렇게 했니?"라든가 "그 지저분한 진흙 덩어리 좀 어떻게 할 수 없겠니?"라고 묻는 것만큼 아이의 창조 정신을 간단하게 눌러 죽일 수 있는 것도 없다. 아이의 작품을 돋보이는 곳에 놓고 친구들이 보는 앞에서 칭찬해주라.

▫ 아이에게 꾸미기를 해보도록 권하라. 인형극이나 집에서 만든 옷, 가족들 앞에서 갖는 독주회나 즉흥극 따위는 아이들의 창조적인 성품과 아이디어를 최대한 끌어내게 해준다. 그 어떠한 성질의 일이라도 아이가

직접 해보는 것보다 더 나은 경험은 없다.

▫ 아이가 창조적인 관찰자가 되도록 훈련시키라. 새와 날씨, 사람들, 꽃과 짐승들을 관찰하며 시간을 보내라. 대상뿐만 아니라 과정에도 신경을 쓰라.

▫ 십대에 들어선 자녀를 끌어들이거나 조금 어린아이들을 잘 지도해서 시를 쓰고, 신문을 모으고, 삽화를 그리게 하거나 아니면 부모가 무언가를 직접 조립해보도록 하라. 작품의 질에 대해서는 마음 쓸 필요가 없다. 다만 열정적으로 아이들을 지도하라.

▫ 개인적인 독창성이 들어 있는 장난감이나 활동을 아이에게 골라주라. 가령 아카시아 나무로 만든 모형 비행기가 몇 개의 부분으로 나뉘어 있어서 조립하도록 만든 기성품 비행기보다 낫다는 말이다. 하모니카, 망원경, 자석, 마분지 상자 따위의 장난감들이 대부분의 기성품 장난감보다 훨씬 더 창조 정신을 자극한다.

▫ 아이들이 깃털, 단추, 씨앗, 우표나 그밖의 재미있는 물건이면 무엇이든 수집하게 하라. 수집하는 취미는 호기심과 창조 정신을 자극한다.

▫ 창작의 소재는 아이가 실험하기 적합한 것을 선택하라. 진흙 놀이, 분필, 종이, 매직 펜, 접착제, 테이프, 작은 깡통들과 고무판, 뜨개실과 굴뚝 청소기 따위는 모든 아이들이 간직할 추억의 일부가 될 것이다. 그리고 조금 뒤에는 옷감 쪼가리, 망치와 못, 카메라 같은 여러 도구들이 여기에 추가된다.

▫ 아이가 어느 정도 자라면 개인적인 활동과 기쁨을 충족시킬 수 있는 분위기를 내기 위해 자기 방을 꾸미는 걸 내버려두라.

▫ 끝말 이어가기, 운율 맞추기, 원문 찾아 읽기, 수수께끼, 노래와 시

등을 이용해서 아이의 언어 능력을 키워주라. 어른들이 이야기를 나눌 때 아이도 끼워주라. 이것은 대단히 훌륭한 어휘력 확장의 기회가 된다. 신문이나 잡지 기사를 아이와 함께 읽고 거기에 대해서 의견을 나누라. 편지 쓰기를 권장하라.

진정한 창조력에는 독립심, 감수성, 응용력이 모두 포함된다. 대부분의 가치 기준이나 성격 특성들이 그렇듯이 이것들도 처음에는 부모의 것을 그대로 답습하게 된다. 조금만 신경을 써서 계획을 세우면 자녀에게 평생 동안 지속되는 창조력이란 소중한 선물을 줄 수 있다.

20
자신감을 북돋우라

 두 살짜리 아이들이 행동하는 것을 보고 있노라면, 물불을 가리지 않고 정면으로 덤벼드는 힘을 볼 수 있다. "난 이 일을 할거야, 그뿐이야" 하는 식이다. 이것은 정말 놀라운 일이다.

두 살이 지난 다음에는 "나도 할 수 있다."는 태도가 여러 가지 좌절을 경험하면서 약해지는데, 심리학자들은 다른 사람의 부정적인 반응이 자신감을 크게 손상시킨 때문이라고 말한다. 엄마 아빠는 아이들이 "나도 할 수 있다."는 정신을 잘 키우도록 도와줄 의무가 있기 때문에 이러한 자신감 손상은 부모에게 직접적인 부담이 된다.

□인간 발달에 관한 연구 결과에 따르면, 자신에 대해 강한 자부심을 가진 사람은 자신 있는 부모에게서 나온다고 한다. 그러므로 아이들에게 자신 있는 태도를 가르치려면, 부모가 먼저 살아가는 동안 겪게 되는 여러 가지 도전들에 자신 있게 대처해야 한다. 문제를 풀어갈 때, 도전을 받았을 때, 어떤 과제를 해결하려 할 때 나도 할 수 있다는 확신을 가지고 상황을 대하라. 아이들이 지켜보고 있음을 잊지 말라.

□다음으로 부모가 보여주어야 할 것은 자녀에 대한 믿음이다. 그 믿음을 표현하는 데는 기본적으로 두 가지 방법이 있다. 하나는 말로 자주 이야기하는 것이고, 다른 하나는 아이가 하는 일을 신뢰하는 것이다.

로버트 슐러(Robert Schuller)는 「당신도 자신이 꿈꾸던 사람이 될 수 있다(You Can Become the Person You Want to Be)」라는 책에서 자신감에 찬 승리자의 요건으로 상상력(inagnation), 헌신(commitent), 확신(affirmation) 그리고 불굴의 의지(never give up)를 들었다. 기억하기 쉽게 이 네 가지의 영어 머릿글자를 합치면, "나는 할 수 있다(I CAN)"는 말이 된다. 자녀들이 훌륭한 태도를 갖도록 돕는 방법을 찾아보기 위해서 이 네 가지를 하나하나 살펴보기로 하자.

□상상력에는 다른 사람들도 꿈을 꾸며 무언가 미흡하다는 느낌을 가지고 산다는 사실을 알려주는 것뿐만 아니라 아이의 장점과 단점이라는 두 측면을 모두 평가해보는 것도 포함된다. 부모는 아이들이 상상력을 효과적으로 사용하며 아울러 자신의 능력을 파악할 수 있도록 도와주어야 한다. 아이와 아침을 먹으면서 어른들도 꿈이 있으며 실패를 두려워한다는 것을 알려주라. 아이의 장점과 약점에 관하여 함께 이야기하라.
□온 가족이 모여서 서로 상대의 장단점을 짚어주고 결단하는 기도를 함께함으로 마치라. 신체 발달이나 나이의 한계처럼 일시적인 약점을 영구적인 단점들과는 분명하게 구별하라.
□상상력의 효과 가운데 하나는 아이들이 장차 되고 싶어하는 사람의 모습을 생생하게 보여줄 수 있다는 것이다. 이것은 또한 부모의 지난 시

절 거북했던 감정이나 골치를 썩이던 과목, 또는 그밖의 다른 감정들을 아이에게 이야기해주는 게 도움이 될 것이다. 이런 것들을 알려주면 아이가 자신에 대해 진취적인 기대감을 갖게 하는 데 도움을 준다.

▫상상력의 또 다른 측면이 바로 "나는 누구인가"를 보는 시각, 곧 자화상이다. 자신 있게 생각하는 훈련을 통하여 아이들이 자화상을 형성하도록 도와주라. 주체성을 가지고 "난 절대로 못해, 정말 아무 것도 제대로 하는 게 없어." 따위의 생각을 되풀이하지 않으며, 그대신 "당연히 할 수 있고 말고, 옛날에도 잘해냈는걸."이라고 생각하는 긍정적인 정신 자세를 갖도록 가르쳐라.

▫구체적인 목표들에 대한 헌신은 성공하는 데 필요한 두 번째 필수요소다. 엄마 아빠는 아이의 목표와 꿈을 알고 있는가? 아이들이 스스로를 평가하거나 계획을 세우도록 돕고 있는가? 부모가 이런 일을 도와주기에는 나이 든 쪽이 더 쉽지만, 어린아이들에게도 자전거 타는 법을 배우게 한다든가, 강아지 한 마리를 손에 넣기 위한 계획이나 나무 위에다가 조그만 집 한 채를 마련하게 하는 따위의 목표가 있다. 또 엄마 아빠의 목표와 야망을 얼마쯤은 아이에게 알려주라. 헌신에는 아이의 강한 소망은 물론이지만 개인적인 도움, 격려, 실천적인 방안 등을 통한 부모의 지원 활동도 반드시 필요하다.

▫성공의 문을 여는 다음 열쇠는 확신이다. 어린 시절부터 아이로 하여금 무언가를 성취하는 경험을 하도록 하라. 아이들에게 자동차 닦는 일이나 특별 요리 만드는 일을 거들게 하라. 부모가 모르는 걸 아이가 알고 있으면 가르쳐달라고 부탁하라. 그리고 그러한 생각이나 행동이 부모에게 얼마간 '유익'했다는 사실을 아이가 전혀 눈치채지 못하게 하라.

아이들은 종종 부모가 생각하는 것보다 '어른스러운(grown-up)' 일을 해낼 수 있다는 사실을 명심하라. 페인트 칠을 할 수도 있고, 사무실의 서류를 정리하며, 세금 고지서를 점검하거나 심지어 가정의 예산까지 지속적으로 파악할 수 있다. 그러므로 평소에 아이에게 시키지 않던 집안일들을 다시 한번 검토하라.

□아이들이 지금 기울이고 있는 노력이 결국 성공을 가져올 것이라고 확신하게 하는 비결 가운데 하나는 자신이 바른 훈련을 받았으며, 주어진 일에 부딪쳐볼 만한 준비가 되어 있다는 사실을 굳게 믿도록 하는 것이다. 아이가 밥을 짓는 일이나 자동차를 닦는 일, 운동 경기에 나가기 전에 필요한 사항들을 가르쳐주고 시범을 보여주라. 그러나 지나치게 가르쳐주지는 말라. 특히 알려줄 게 별로 없을 만큼 나이가 든 아이들에게는 금물이다.

□아이가 최고를 목표로 삼도록 도와주라. 아이가 늘 최고가 될 수는 없을지 모르지만, 그때에도 부모는 여전히 자녀 편이어야 한다. 그러나 늘 하던 일을 계속해서 되풀이하는 것은 아이에게 만족을 주지 못하며 그들의 자신감을 무디게 할 것이다.

□불굴의 의지는 인내와 끈기로 빚어내는 자질이다. 자녀가 어떤 일을 해내는 데 실패한 것처럼 보이거나 목표에 미달된 것처럼 보일 때, 그 자리에서 머뭇거리는 아이에게 힘을 주는 일을 소홀히 하지 말라. 지난 날, 아이가 끈기라는 값을 치르고 얻었던 성공을 머리속에 떠올릴 수 있게 하라. 부모가 도와주지 않으면 그 자리에 주저앉아 결국 실패할 것이 분명한 경우에 한하여 도움의 손길을 내밀라. 도와주더라도 아이의 짐을 대신 떠맡지는 말라. 아이의 지속적인 노력과 어우러져서 성공을 확신할 수 있

을 만큼만 도움을 주라.

마지막으로, 피해가야 할 함정들은 다음과 같다.
▫ 부모의 마음에 아이가 성공할 것이라는 확신이 없다 할지라도 자녀가 새로운 일에 덤벼드는 것을 말리지 말라. 아이가 난생 처음으로 아침밥을 지어보고 싶어하면 제 맘대로 하게 두고 지나치지 않을 만큼 조언을 해주라.
▫ 아이를 불안하게 하거나 "해봤자 결국 실패하고 말텐데." 따위의 말을 해서 실패를 암시하지 말라.
▫ 아이에게 뿐만 아니라 그 친구들에게도 지나친 비판을 삼가라. 자녀를 다른 아이들과 비교하지 않도록 조심하라.

헨리 포드(Henry Ford)는 이런 좌우명을 가지고 있었다고 한다. "할 수 있다고도 생각할 수 있고 할 수 없다고도 생각할 수 있다. 어떻게 생각하든 마음대로다." "나도 할 수 있다."는 아이들의 자신감은 부모에게서 비롯된다. 자녀가 훌륭한 일을 해낼 수 있다고 믿는다면 그대로 될 가능성이 높다. "나도 할 수 있다(I CAN)"는 원칙을 잊지 말라. 힘을 합쳐 적용해보라. 그러면 부모와 자녀가 함께 성공이라는 보답을 받게 될 것이다.

21
섬김의 덕을 알게 하라

자녀를 '이상적인' 아이로 키우려고 생각할 때 부모들을 섬기는 종의 자세를 가장 먼저 염두에 두어야 할 자질로 꼽지는 않는다. 이것은 어쩌면 '자기 중심의 세대(Me Generation)'를 사는 많은 사람들이 섬김을 받는 사람이 되려고 애쓸 뿐 섬기는 사람이 되는 데는 별로 관심이 없기 때문일지도 모른다.

본질적으로 섬김에 대한 감수성은 누구에게나 섬김의 본능이 있다손 치더라도 일생 동안 무슨 일을 하든지 균형 잡힌 성공을 거두는 기초가 된다. 특히 섬김의 자세가 없는 지도자란 존재할 수 없다. 예수께서 "너희 중에 누구든지 크고자 하는 자는 너희를 섬기는 자가 되고"(막 10:13)라는 말씀 속에서 이야기하신 섬기는 지도자(servant-leader)야말로 겁을 주며 다스리는 지도자보다 사람들의 마음을 더 쉽게 사로잡으며, 훨씬 사랑받는 지도자가 될 수 있다. 또 섬기는 자세가 없는 결혼은 만족스러울 수도 없고 오래 지속될 수도 없다. 그리고 도덕적인 문제에서 진리의 편에 선다는 만족감이나 다른 사람들에게 착한 일을 한다는 만족감을 얻지 못하면 그 사람의 인성은 파탄 지경에 이르고 말 것이다.

그러면, 자라나는 아이의 마음속에 섬김의 자세를 어떻게 심어줄 수 있을까? 다른 부분에서처럼 여기서도 아이는 가정에서 부모가 보여주는 모범을 보면서 가장 효과적인 교육을 받게 된다. 다음과 같은 몇 가지 질문을 통해서 자기 자신을 점검해보라.

■ 하루하루 살면서 어떤 대가를 바라거나 아내 또는 남편의 채근을 받아서가 아니라, 마음에서 우러나와서 남을 섬기고 돕는 모습을 아이에게 보여주는가?

■ 배우자가 억지로 밀어붙이거나 가로막지 않아도 스스로 나서서 가외로 허드렛일을 하는 모습을 아이에게 보여주는가?

■ 집안의 가장 시시한 일들을 언제나 자신이 도맡아 하고 있는가? 또는 가장 재미없는 일들은 아이에게 시키고 있지는 않는가?

■ 아이들이 보다 편하게 살아가도록 사소한 방법들이라도 찾아보는 습관을 가지고 있는가? 아니면 아이들이 나를 위해서 무슨 일을 해줄까를 생각하는가?

■ 아이들이 숙제를 아직 끝내지 못해서 시간이 필요할 때, 기꺼이 아이들 몫의 집안일을 해주고 있는가?

■ 친구와 이웃을 돕거나 자원해서 사회를 위해 봉사하는 모습을 아이에게 보여주고 있는가?

이런 질문들이 아이들보다 부모들을 향한 것처럼 느껴졌다면 제대로 알아들은 것이다. 모든 과정이 부모로부터 시작된다. 부모는 모범을 보여주는 것과 아울러 아이들이 종의 자세로 희생하는 법을 배우게 도울 수 있는 또 다른 일들을 해야 한다.

□아장아장 걸어다니는 아이라도 엄마 아빠의 '조수(helper)'가 되는 법을 배울 수 있다. 엄마나 아빠 혼자서 감당하기에 벅찬 집안일이나 사업에 좀더 많은 시간을 내고자 할 때, 어린아이에게도 접시 닦기, 자동차 닦기, 장난감 정리하기, 먼지 털기 따위를 '돕는' 기쁨을 줄 수 있다. 아이가 망설이거든 아직 강요하지 말라. 그러나 아이는 보통 부모가 하는 일이면 무엇이든 해보고 싶어할 것이다. 아이가 해준 일에 대해서 칭찬과 감사의 표현을 하고 다른 식구들에게도 아이가 얼마나 도움이 되는지 자주 이야기하라. 이렇게 하면 아이가 부모의 관심을 끌려고 아등바등하지 않기 때문에 맡겨진 일을 더 빨리 해내는 것을 여러 차례 볼 수 있다.

□나이가 너댓 살에 이르고 자율성과 주체성을 갖추게 되면, 집안일을 자녀들에게 나누어 줄 때 한 몫 끼게 한다든지 뜻밖의 손님들이 들이닥치기 직전에 '번개처럼 집안을 치우는 일'을 거들게 하는 등 진정한 의미에서 집안일을 돕도록 아이를 끌어들이기 시작하라. 아이가 해준 일에 대해서 인정하고 계속 칭찬해주라.

□초등학교에 다닐 나이가 되면, 자발적으로 자기 반의 허드렛일을 가끔 맡아 한다든지 순수하게 봉사할 생각으로 남들이 꺼리는 일을 스스로 나서서 해보도록 격려해주라. 이것은 대부분의 학교에 팽배되어 있는 경쟁 의식과 봉사의 가치에 대한 불신을 상쇄하는 데 도움이 된다.

□아이가 스카우트 활동에 참여하게 하라. 스카우트에서는 친구들의 압력이 봉사 정신을 더 강하게 만든다. 이런 사고 방식과 행동 방식은 아이의 마음속에 뿌리를 내리고 일생 동안 지속될 성격의 틀을 잡게 된다.

□ 초등학교 상급반에 올라간 자녀에게 친구를 사귀는 데 섬기는 자세와 헌신적인 태도가 어떤 역할을 하는지 이야기해주라. 친구를 섬기는 일에 대하여 아이와 함께 생각해보라. 친구들이 어떤 반응을 보였는지 보고를 받으라. 결과가 좋지 못하면 그 까닭을 찾아보고 다음 단계의 대책을 제시하라.

□ 십대 전후의 아이들과는 "첫째가 되고자 하면 뭇 사람의 끝이 되며" "너희 안에 이 마음을 품으라 곧 그리스도 예수의 마음이니" 등의 말씀이 뜻하는 바를 이해하기 위해 성경 본문을 공부하라. 마태복음 20장 26~28절, 마가복음 9장 35절, 요한복음 13장 12~15절, 로마서 15장 1~3절, 갈라디아서 6장 10절, 빌립보서 2장 3~8절 등이 아이와 함께 토론해볼 수 있는 구절이다.

□ 아이가 봉사 활동을 하고 있는 사진을 찍으라. 가족 사진첩을 열거나 슬라이드 필름을 볼 때마다 잊지 말고 칭찬해주라.

□ 나이 많은 이웃의 정원을 돌보아주기, 학교에서 멀리 떨어진 곳에 혼자 사는 사람 찾아보기, 불의의 재난을 당한 이재민들을 보살펴주거나 후원금을 보내기 등 온 가족이 같이 할 수 있는 봉사 활동을 찾아보라. 아니면 도움을 필요로 하는 기관들을 알아보기 위해 근처에 있는 지역 자원 봉사 단체를 찾아가라.

매월 부모와 함께 아이의 '봉사 점수(servant quotient)'를 매겨보라. 저녁을 먹는 자리에서 섬김의 문제를 자주 화제로 삼으라. 남을 섬길 만큼 성숙한 사람은 말 그대로 가장 뛰어난 지도자가 될 수밖에 없다는 사실을 아이에게 분명하게 알려주라.

22

유머 감각을 키워주라

재담가 크레이그 윌슨(Craig Wilson)은 단순히 재미있는 사람이 아니다. 그는 삶과 신앙이라는 심각한 주제를 온 몸으로 표현하고 있다. 크레이그 윌슨은 이렇게 회고한다. "유머는 우리 주님만큼이나 내가 성장하는 데 큰 부분을 차지했습니다. 하나님께서 우리를 즐거워하셨기 때문에 우리도 마음껏 즐거워할 수 있다는 사실을 자라면서 점점 분명하게 깨달았던 거죠. 사소한 일로 서로 다투는 역할극을 할 때든 저녁을 먹으며 그냥 이야기를 나눌 때든 우리집에선 웃음 소리가 끊이지 않았습니다."

우리집은 어떠한가? 아이들이 엄마 아빠에게 배워야 할 필수적인 기술이요 자세인 유머 감각과 사랑스러운 웃음이 늘 집안에 감돌고 있는가? 근심이 없어야 건강이 좋아진다. 오래 전 잠언이 말하고 있는 것처럼 사실 "마음의 즐거움은 양약"(잠 17:22)이다. 웃음은 혈액 순환을 자극하고 혈압을 안정시키며, 피 속에 산소 공급을 원활하게 하고, 소화를 촉진시키며, 중요한 신체 기관의 긴장을 풀어준다. 또 웃음은 몸이 만성적인 질환을 이겨내는 데도 도움을 준다고 한다.

정신적으로도 웃음은 대단히 좋은 약이다. 삶을 더 사랑하게 하며, 스트레스를 줄여주고, 인간 관계를 원만하게 만들어준다. 자신을 '재미있는 사람(funny man)'이라고 생각하든 그렇지 않든, 부모는 온 가족에게 크게 유리한 능숙한 유머 감각과 미소를 갖출 수 있다.

ㅁ 유머 감각은 양식 있는 부모가 '아이를 아이답게' 키우는 데 도움이 된다. 나이가 아직 어린데도 어른처럼 완벽하게 행동하도록 무리한 요구를 하면 아이가 불안해 하고 나쁜 자화상을 갖게 되는 원인이 될 수도 있다. 그러나 아이를 바로잡는 데 훌륭한 유머 감각을 갖고 있는 부모는 아이에게 벌을 주겠다고 으르지 않고 부드럽게 우스갯소리를 하면서도 바람직한 행동 변화를 가져올 수 있다. 이러한 관계를 배경으로 해서, 심각하게 감정을 상할 만한 순간들이 닥쳤을 때도 기본적으로 부모와 자식 간에 있어야 할 따뜻한 마음을 해치지 않고 적절하게 문제를 처리 할 수 있다.

ㅁ 웃음은 특히 갈등과 동요의 순간에 사람의 마음을 정화시켜준다. 크레이그 윌슨은 그의 아버지가 뇌성 말라리아(cerebral malaria)에 걸려서 사흘을 못넘길지도 모른다는 선고를 받았을 때의 일을 다음과 같이 이야기한다. 크레이그는 아버지의 용태를 알아보려고 병원으로 전화를 했다고 한다. 전화가 아버지의 병실에 연결되자마자 "조 호젠페퍼(Joe Hozenfeffer)입니다!"라는 말이 흘러나왔다. 그것은 아빠의 진짜 이름이 아니라 오래 전에 붙은 별명이었는데, 중요한 일로 친구를 부를 때나 식당에서 손님을 맞을 때 쓰던 이름이었다. 크레이그의 아버지는 바로 그 순간에 바로 그 별명을 씀으로써 걱정할 것 없음을 가볍게 전한 것이다.

ㅁ 한바탕의 웃음만큼 압박감을 날려버리고 갈등 속에서 균형 감각을

찾아주는 것도 없다. 기지에 찬 말 한 토막으로 대립은 풀리고 기분이 누그러진다. 크레이그는 어느 날 아침, 그의 할아버지가 때묻은 넥타이를 매고 아침 식사하러 나오셨을 때 벌어진 상황을 잘 기억하고 있다.

할아버지를 본 할머니는 나무라듯 "영감은 왜 하필이면 그 넥타이를 매고 나오는 거예요?"라고 소리를 질렀다.

"이게 뭐 어때서?" 당황한 할아버지의 순진한 대답이 이어졌다.

"더럽잖아요!"

그러자 할아버지는 방안을 한 번 둘러보고 "아 그거 말이로군요. 저도 이 모든 것이 본인의 책임임을 통감합니다"라고 말했다.

모든 사람들이 웃음을 터뜨렸고 그날부터 윌슨 일가에서는 집안 식구끼리의 시시한 다툼은 흔히 "이 모든 것이 본인의 책임임을 통감합니다"라는 말을 어느 한쪽에서 흉내냄으로써 끝나버리곤 했다.

다음은 집안에 웃음이 깃들게 하고 훌륭한 유머 감각을 키우는 몇 가지 방안들이다.

▫ 부모가 어떤 모습을 보이느냐가 정말 중요하다. 그러므로 자신과 자신의 실수에 대하여 웃음을 터뜨리라. 너무 심각한 표정을 지으며 살지 말라. 웃음은 새로운 시각을 갖게 해주는데, 무덤처럼 보이는 상황이나 부담스러운 문제라도 생각하기에 따라선 정말로 비극적이거나 이겨내지 못할 것은 아니라고 볼 수 있게 도와준다.

▫ 모두가 지쳐 있고 날씨마저 찌푸린 나른한 상황에서 함께 웃으라. 큰 소리로 읽어줄 만한 재미있는 이야깃거리를 찾아내거나 세상에서 손톱이 제일 긴 사람 따위의 낄낄거리고 웃을 수 있는 세계 기록들을 책에

서 뒤져보라. 대개는 최고 기록 보유자의 사진이 함께 실려 있기 마련이다.

▫지루하고 시시한 집안일을 할 때 우스갯소리를 하거나 수수께끼를 내서 분위기를 밝게 하라. 접시 닦기나 마당 쓸기처럼 늘 하던 단조로운 일을 하는 시간을 우스갯소리나 재미있는 이야기를 주고받는 시간으로 만들어라.

▫건전하고 솜씨 있는 재담을 통해 젊은이의 마음을 간직하라. 식구들이 서로 깨끗한 농담을 잘 주고 받는 데 모자람이 없다고 생각한다는 것은 서로를 향한 사랑과 감사의 마음이 그만큼 성숙했다는 뜻이다.

▫집안에서 기록해두고 소중히 간직할 만한 재미있는 순간을 그때그때 찾아내는 눈을 길러라. 그렇게 함으로써 크레이그 윌슨의 할아버지가 한 말이 두고두고 긴장을 해소하거나 웃음을 끌어내는 도구로 쓰였던 것처럼 '촌철살인(寸鐵殺人)'의 한 마디를 찾아낼 수 있을지도 모른다.

▫아이가 아장아장 걸을 때부터 많이 웃겨주고 같이 웃으라. 꼭 "안 돼"라고 말해야만 할 때는 엄격하게 말하고 곧 웃음을 머금으라. 아이를 바로잡아주는 그런 어두운 순간에 유머 감각을 살리면 아직 학교에 들어가지 않은 아이에게는 놀라운 체험이 될 것이다.

▫건강한 웃음과 애매한 웃음, 빈정거리는 웃음, 지나친 희롱 등을 세심하게 구분하라. 건강한 웃음이 아니면 상처가 된다.

▫만화를 잘라내서 다른 식구들에게 보여주거나 냉장고, 또는 가족 게시판에 테이프로 붙여놓으라.

▫하루 종일 재미있는 이야기나 사건들을 수집해서 저녁 먹을 때 습관 삼아 들려주라. 음식에 우스갯소리나 재미있는 수수께끼로 양념을 치라.

웃음은 최상의 소화제다.
　□가족이 나들이를 나갔을 때는 거리에 나붙은 재미있는 간판을 골라보라. 그리고 사람들이 지껄여대는 터무니 없는 소리에도 귀 기울여보라. 나중에 이런 에피소드들을 떠올려서 내용을 각색해보라. 이런 식으로 이야기하는 것은 삶 속에서 일어나는 자질구레한 일들에 대한 관찰력과 주의력을 가다듬어준다.

　웃음이 없는 어린 시절이야말로 가장 황량한 이야깃거리다. 웃음은 명약이다. 그러므로 우리 모두가 집안의 의사가 될 수 있는 것이다.

23

우울한 감정을 극복하도록 도우라

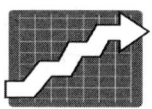 어른이 된다는 것은 힘들고 괴로운 일이다. 상당한 스트레스를 받지 않고는 어른이 될 수 없으며, 아이나 어른이나 하루의 얼마쯤은 불쾌한 감정이 자리잡기 마련이다. 누구나 가끔은 기분이 가라앉고 의기 소침해지며 용기를 잃게 되거나 싫증을 낸다. 그러므로 이런 순간을 분석해보고 극복해 내는 비결은 아이들이 반드시 갖추어야 할 기술이라고 하겠다.

어른도 마찬가지이지만 아이들도 우울한 느낌을 떨쳐버리는 수완이 아주 다양하다. 어떤 아이들은 자기 감정을 아주 객관적으로 볼 수 있어서 다른 방향을 선택할 줄 안다. 한편 또 다른 아이들은 자신의 슬퍼할 '권리'를 다만 합리화하기에 급급한 것처럼 보인다. 그러나 이것은 성숙도와 기질의 문제일 뿐이다.

아이가 침체감에서 벗어나도록 부모가 도와주려면 다음과 같은 원칙들을 염두에 두어야 한다.

■ 부정적인 느낌을 겉으로 드러내놓는다 해도 특별히 문제될 것은 없다. 그런 느낌은 지극히 정상적인 것이며, 삶 속에서 일어나는 어려움에

대한 이성적이고 건강한 반응이라고까지 볼 수 있다. 우울한 기분이 드는 게 무슨 잘못인 듯한 인상을 풍기지 말라.

■자유로운 선택과 줏대 있는 행동에 영향을 미치는 부정적인 감정들을 어떻게 극복할 것인가? 사람이 언제나 환경을 지배할 수는 없겠지만 상황과 분위기를 딛고 일어서기로 결심함으로써 그 환경에 대응하는 방법을 조절할 수는 있다. 사람들은 흔히 다른 사람의 관심을 끌고 싶다는 욕구처럼 매우 자연스러운 감정적인 욕구를 괜히 뿌루퉁해 있다든가 하는 식의 비뚤어진 방법으로 채우려 한다. 그러나 하나님께서는 우리를 도와주시려고 욕구를 채우는 건설적인 방법을 마련해놓으셨다.

몹시 어려운 환경이나 침체된 기분에 적절히 대처하지 못하는 일상적인 유형의 반응들은 아이가 보다 긍정적인 반응을 보이지 못하게 만드는 요인이 될 수도 있다. 그럴 경우 다음에 열거한 증상(symptom)들 가운데 한 가지 또는 여러 가지가 나타난다.

☐ 침울하고 무관심하며 행복감을 느끼지 못하는 기간이 끝없이 계속된다.
☐ 사람을 기피한다.
☐ 숙면을 취하지 못한다.
☐ 식사 유형이 바뀐다.
☐ 소화 불량, 두통, 조급함, 통증 따위의 신체적인 증상들이 온다.
☐ 성적이 떨어진다.
☐ 공격적이고 파괴적인 행동을 보인다.

□ 걱정, 신경 쇠약, 흥분이 나타난다.

만일 이런 증세가 지속되면 전문가의 도움을 받아야 한다.
그러나 보통은 다음과 같은 방법들을 통해서 아이가 불유쾌한 감정들을 이겨내도록 도와줄 수 있을 것이다.

□ 우선 부모가 아이의 감정을 잘 알고 있다는 사실을 알려주어야 한다. 만일 아이가 침울해 하는 원인이 비교적 심각한 편이 아니라면 아이가 다른 재미있는 일이나 활동에 관심을 갖도록 유도하라. 흔히 아이가 학교에 들어가기 전에 이런 경우들을 볼 수 있다. 간단한 대화를 나눈 뒤에 "놀러 가자!" 또는 "나 좀 도와줄래?"라고 말해보라.
□ 사랑하는 사람을 잃어버렸을 때처럼, 아이가 슬퍼하는 이유가 엄마 아빠와 나눌 만큼 심각한 것이라면 부모는 자기 감정을 감추지 말라. 자녀의 슬픔에 공감할 수 있으면 아이와 함께 울라. 부모가 자신의 슬픔을 기꺼이 드러내놓음으로써 생긴 연대감은 그런 우울한 분위기를 떨치고 같이 일어서는 데 도움이 될 것이다.
□ 비관적인 느낌의 한쪽 끄트머리는 흔히 외로움에 닿아 있는 경우가 많다. 아이들과 몸으로 부대끼는 기회와 시간을 더 많이 가질 수 있도록 노력하라. 지금 당장 시작할 수 없으면 해가 지기 전에 언제쯤 아이와 함께 할 것인지 계획을 세우라. 친구를 초대한다든가 나들이 계획을 잡아보는 것도 우울증의 '마수'를 끊어버리는 방법이 될 수 있다.
□ 우울한 기분은 아직 해결하지 못한 죄의식의 발로일 수도 있다. 자녀가 자신이 그렇게 침울한 까닭을 딱 부러지게 집어내지 못하면 점잖게

아이의 최근 행동을 하나하나 되짚어보라. 우회적인 접근 방식을 사용하고 아이를 비난하는 질문을 하지 말라. 그렇게 하면 고백하고 용서받아야 할 아이의 숨은 잘못을 찾아낼 수 있을지도 모른다.

▫ 아이가 우울한 감정을 이겨낼 마음을 먹도록 도와주라. 무언가를 지각하는 방식이나 행동하는 방식을 바꾸라고 타이르는 것은 부모가 가진 거리감과 불만을 아이에게 과장해서 노출시킬 뿐이다. 아이가 입을 열어 대안을 선택하게 도와주는 것이 더 나은 접근 방법이다. "여기 앉아서 우울한 마음을 되씹고 있을 수도 있고 친구에게 전화를 걸 수도 있어. 아니면 좋아하는 레코드 판을 골라서 음악을 들을 수도 있고 지금 집안일을 해치우고 나중에 나가 놀 수도 있고, 또…"

언제나 변함없이 선택을 강조하고 보다 낫다고 생각하는 것을 고르게 해서 선택과 관련해서 아이가 보일 수도 있는 반항적인 태도에 적절하게 대처하라. 아이가 효과적인 결정을 내리는 데 간식이 보탬이 되는 경우도 흔히 볼 수 있다.

▫ 부모는 아이의 장점과 능력을 신뢰하고 있다는 사실을 보여줌으로써 그들의 용기를 북돋아주라. 지난 날 아이가 잘했던 일을 끄집어내라. 그리고 우울한 느낌을 깨부수라. 우울한 느낌을 떨쳐버릴 수 있었던 사건이나 모든 일이 잘 풀리던 시절의 이야기를 들추어내라. 그렇게 짧은 시간 동안 시각이 얼마나 크게 변했는지 같이 생각해보라.

▫ 아이를 너무 동정하지 말라. 지나친 동정은 아이를 무기력하게 만들 뿐이다. 아이에게 힘을 주는 더 좋은 방법은 지금 아이가 느끼고 있는 우울한 느낌을 부모 세대는 어떻게 받아들였으며 어떻게 느꼈으며 또 어떻게 극복했는지 들려주는 것이다. 부모의 이러한 확인은 아이로 하여금 울

적한 느낌은 일상적인 것이며 가끔 한 차례씩 겪는 일이라는 점을 분명하게 인식시켜줄 것이다.

❏아이가 운동을 충분하게 할 수 있도록 배려하라. 몸을 움직이면 그동안 뇌에서 모종의 화학 물질이 분비되어 우울한 느낌을 자연스럽게 씻어준다.

❏항상 민감하라. 시간은 부모 편이다. 부모가 몰아붙인다고 해서 아이가 우울한 기분을 떨쳐버리지는 않는다. 부모가 아이를 대신할 수는 없다. 부모가 할 일이란 언제나 재치 있게 아이를 도울 준비를 갖추고 있는 것이다.

무엇보다도 우울한 감정에 대한 부모의 자신의 반응이 "다만 이뿐 아니라 우리가 환난 중에도 즐거워하나니 이는 환난은 인내를, 인내는 연단을, 연단은 소망을 이루는 줄 앎이로다"(빌 5:3~4)라는 하나님의 관점에 따르지 않는 한 어떠한 노력도 결국 수포로 돌아가고만다는 사실을 잊어서는 안 된다. 이 말씀은 한 마디로 "고통 없는 성장은 없다(No Pain, No Gain)"는 뜻이다. 부모가 시간을 들여서 울적한 마음을 극복하는 방법을 알려준다면 아이들은 그러한 느낌에 능히 대처할 수 있을 것이다.

24
포기하지 않는 집념을 키워주라

 왜 아이들은 노는 일이라면 '끝내주면서도' 그날 그날의 과제를 철두 철미하게 해내는 일(이것은 인생에서 성공하는 비결이기도 하다)은 그다지도 어려워하는 걸까? 그리고 어떻게 하면 아이에게 이런 좋은 습관을 들여줄 수 있을까?

먼저 극복해야 할 장애물은 요즈음에는 한 가지 과제나 기술을 완전히 마스터할 때까지 물고 늘어지는 일이 별로 흔치 않다는 사실이다. 우리는 음식에서, 가정 용품에서, 개인적인 소모품에서, 심지어 영적인 면에서조차도 '인스턴트'를 지향하는 문화적인 흐름 속에 살고 있다. 여기에 사회가 우리를 먹여 살릴 것이라는 생각까지 겹쳐져서 아이들이 인내하지 못하는 분명한 원인이 되고 있다.

아이들이 마음 먹은 일을 끝까지 해내도록 가르치는 방법은 무엇인가? 다음과 같은 동기 부여 원칙들을 마음속에 명심하라.

□ 학교에 들어가지 않은 아이들에게는 균형이 중요하다. 이 또래 아이들은 주로 상과 벌에 따라 움직이며 무슨 일을 하든 '당연히' 처음부터

끝까지 완전하게 처리해야 한다는 사실을 이해하지 못한다. 자녀가 맡은 일을 다하지 못했을 때가 바로 열심을 내어 아이를 도와주기에 가장 적합한 시기다. 엄마 아빠가 마음 먹은 일을 끝까지 해내는 모범을 보이면 아이에게 부모가 이 일을 얼마나 중요하게 여기며 또 도와주고 싶어하는지 알려줄 수 있다. 아울러 아이를 실망시키거나 잔소리를 해서 스트레스를 주는 잘못도 피할 수 있다.

ㅁ아이에 대해서 늘 신경을 쓰는 것이 중요하다. 기대 수준이 낮으면 아이가 자신의 잠재력을 펼치도록 주의를 환기시켜줄 수 없다. 반면, 기대 수준이 너무 높으면 실패에 대한 두려움도 엄청나게 커진다.「뭐든지 할 수 있는 작은 엔진(The Little Engine That Could)」따위의 인기 있는 아동 소설을 읽어주는 것도 바른 원칙을 세우는 한 가지 방법이 될 수 있다. 조금 나이가 든 아이들은 전구 따위의 발명품들을 개발해낸 토마스 에디슨(Thomas A. Edison)이나 인권 운동으로 우리 마음속에 살아 있는 마틴 루터 킹(Martin Luther King) 목사처럼 뛰어난 의지력을 가진 위인들의 전기를 재미있게 읽을 수 있을 것이다.

ㅁ초등학교에 다닐 나이가 되면 아이들은 상호간의 교감의 폭이 더 넓어지는 이른바 '서로 등을 긁어주는' 단계에 도달한다. 이 시기에는 부모가 도와주어야 할 부분과 아이에게 기대하는 수준이 모두 확대된다. 아이에게 "한 번 해서 안 되면 거듭 다시 도전하라." 따위의 금언을 알려주거나 "느리더라도 꾸준히 가는 쪽이 경주에서 이긴다."는 이솝의 토끼와 거북이 우화에 나타난 도덕률을 소개하라. 성경이 가르치는 근면의 원리들에 대해서 대화를 나눔으로써 토대를 분명하게 잡으라. 골로새서 3장 23절, 데살로니가후서 3장 11~13절, 잠언 10장 4절과 12장 24절, 13장 4

절, 22장 29절 등을 보라.

  □아이의 비상한 노력에 대해서는 여전히 칭찬과 보상을 아끼지 말라. 아이가 과거에 한 번 마음 먹은 일을 끝내 이루어냈던 경우를 되짚어주고 성취감을 느끼게 하라. 아이가 일을 잘 매듭짓지 못한 경우에, 부모는 실망감을 기탄 없이 표시하고 아울러 전폭적인 사랑과 지원을 다짐하라. 아이가 심하게 좌절감을 느끼거나 포기하려 할 때 다시 한번 도움의 손길을 내미는 것은 부모가 변함없이 아이의 편이라는 사실과 훈련이 필요하다는 사실을 보여주는 가장 좋은 방법이다. 그리고 아이와 끊임없이 마음을 주고받는 모습을 부모가 솔선해서 보여주는 것이 무엇보다도 중요하다.

  □아이가 십대가 되면 성취 동기 가운데 이 세상을 살아가는 데 필요한 어떤 질서에 대한 보다 분별 있고 성숙한 인식이 엿보이기 시작한다. 아이들이 꾸준하게 사소한 집안 일을 돌보고, 숙제를 게을리하지 않으며, 자기 물건을 잘 간수하고 약속을 어기지 않도록 요구하라. 아이가 이 일들을 잘 해내지 못한 경우 그 결과를 감싸주지 말라. 그러나 부모의 이해와 사랑, 그리고 지원은 변함없이 유지되어야 한다.

  물론 한 번 마음 먹은 일을 끝까지 해내도록 훈련시키는 일에도 한계는 있기 마련이다. 능력에 넘치는 일이나 무리한 요구, 전혀 재미를 느낄 수 없는 일 등은 시기에 상관없이 포기해야만 한다. 그렇다면 아이를 겁장이로 만들지 않으면서도 하던 일을 적절한 시기에 그만두게 하는 방법은 무엇인가? 그 해답을 찾아가는 데는 몇 가지 원칙이 있다.

  ■그만두기에 가장 적절한 시간은 언제인가? 아이가 그때까지 견뎌낼

수 있겠는가? 여러 가지 어려움이 최종 목표를 가리고 있는 경우에 스트레스가 최고치에 달한 순간 포기하는 것보다 눈물을 머금고 그만둘 때까지 견뎌본다든가 저절로 일이 마무리될 때까지 최선을 다하는 것이 바람직한 방안이다.

■ 일을 시작할 때 누구의 아이디어가 가장 크게 작용했는가? 애당초 아이가 원해서 한 일이 아니라면 중도에 포기하더라도 애써 말리지 말라. 그러나 부모가 아이의 간청에 못이겨서 허락한 일이라면 쉽게 그만두도록 내버려두어서는 안 된다.

■ 목표를 이루기 위해서 늘 헌신적으로 일했는가? 한 번 마음 먹은 일을 끝내기 위해서 어떤 노력이 필요한지 아이가 완전하게 깨달을 수 있도록 도와주라. 그렇게 하면 어려움이 닥치거나 지쳤을 때 포기하려는 유혹을 보다 잘 이겨낼 수 있게 된다.

■ 무슨 예외적인 조건들이 있었는가? 상황은 일이 진행되는 도중에라도 변할 수 있다. 자녀가 포기하고 싶다는 뜻을 비추면 가시가 담겨 있지 않은 질문들을 많이 하고, 아이를 좌절시킨 부정적인 요소들을 파악하기 위하여 '행간의 뜻(between the lines)'을 읽으라.

■ "어른이라면 이런 상황에서 포기할 수 있었겠는가?"라고 자문해보라.

■ 아이가 하던 일을 중도에 포기하지 못하게 강요한다면 어떻게 될까? 문제의 원인이 단순히 그릇된 선택에 있는 경우, 어른들과 마찬가지로 아이들도 손을 털고 일어설 수 있도록 허락해주어야 한다. 만일 부모가 허락해주지 않는다면 아이들은 과도한 부담을 이겨내려는 노력이 '건망증' 따위의 바람직하지 못한 행동으로 표출되기도 한다. 그럴 때는 오

히려 아이들에게 모든 것을 일임하는 한편 솔직하게 "나는 그것을 좋아하지 않는다."거나 "나는 네가 포기하지 않았으면 좋겠다."고 털어놓음으로써 책임감 있게 행동을 유도하는 것이 더 좋다.

부모는 자녀들에게 마음 먹은 일을 끝까지 해내고야 마는 훈련을 시킬 수 있다. 훌륭한 어른으로 자라나는 데 이것만큼 중요한 자질도 별로 없을 것이다. 그러므로 이 한 가지만이라도 처음 마음 먹은대로 해내는 일을 게을리해서는 안 된다.

25
권위에 순종할 줄 알게 하라

"권위에 도전하라!" 이것은 어느 자동차 범퍼에 붙여놓은 스티커에 적힌 말이다. 그리고 오늘날 많은 젊은이들이 그 스티커가 말하고 있는 대로 권위에 도전하면서 살고 있다. 관심 있는 부모라면 권위에 대한 아이의 태도와 반응 양식이 현재뿐만 아니라 어른이 되고 부모가 되는 미래에까지도 성공적인 삶을 사는 데 꾸준하게 영향을 미친다는 사실을 알고 있다. 균형잡힌 시각을 갖기란 쉬운 일이 아니지만 다음에 열거한 제안들이 도움이 될 것이다.

▫ 아이들은 여덟 살 내지 아홉 살이 될 때까지는 추상적인 사고를 할 능력이 없다. 권위에 대한 개념은 엄마 아빠나 선생님을 상대해본 경험이나 가정과 운동장, 교실 등에서 얻은 여러 가지 경험을 바탕으로 형성된다.

▫ 이처럼 개념들이 형성되는 시기의 아이들에게는 공정성을 강조함으로써 긍정적인 권위 개념을 세워주어야 한다. 부모는 아이들을 지도하고 징계할 때 치우침이 없어야 한다. 이렇게 부모가 사랑으로 어느 한편에

기울지 않게 자녀를 징계하면 아이의 자존감을 무너뜨리지 않으면서 긍정적인 반응을 이끌어낼 수 있다. 부모가 기분 내키는 대로 자녀를 꾸짖으면 결국 아이가 힘을 잃게 되고, 상처를 입으며, 반발심을 자극하는 결과를 가져온다.

▫집안의 법도를 세우고 지키게 하면서 가끔씩 그 법도가 지향하는 목적에 대하여 대화를 나누라. 이처럼 집안의 규칙을 정하는 데는 아이들이 심각한 실수를 저지르거나 해를 입지 않게 막아주고 동시에 장차 보다 즐거운 관계를 맺으며 살아갈 준비를 갖추게 하는 이중 목적이 있다. 날마다 겪는 일들 가운데서도 이런 일들을 가르칠 기회는 얼마든지 있다. 가령, 우리 아이들과 옆집 꼬마들 사이에 싸움이 벌어지면 부모는 자녀에게 법의 역할이 무엇이며, '누가' 법을 만들고 개정하는지, 또 법을 어겼을 때에는 어떤 일이 일어나는지 등에 대하여 설명해줄 수 있다. 부모가 교통 법규 위반으로 경찰서에 갈 때 아이를 데리고 가면 생명을 지키는 데 교통 법규가 필요한 까닭과 (부모 자신을 포함하여) 법규 위반자들이 고발을 당해야 하는 이유를 설명해줄 기회로 활용할 수 있다. 규칙과 권위에 대해 이야기할 때 늘 그 이면에 감춰진 보호와 혜택이라는 측면에 초점을 맞추라.

▫권위에 대한 부모 자신의 태도를 점검하라. 부모는 아이의 담임 선생님이나 교장 선생님, 경찰관, 행정 공무원들과 불편한 관계에 있을 경우 그들을 깎아내리는 말을 하고 있지는 않는가? 아이들은 엄마 아빠의 권위에 대한 태도를 아무 거부감 없이 그대로 모방하게 된다.

▫아이가 초등학교 고학년이 되면, 권위가 생기는 근원에는 여러 가지가 있다는 사실을 이해하도록 도와주라.

1. 오직 하나님만이 **절대적인 권위**를 지닌다. 하나님은 우리의 창조주이시며 그분을 능가하는 권위는 없다. 도덕적인 규범들도 하나님으로부터 나온 것이다. 자연 법칙도 하나님의 권위가 자연계에서 표현된 것에 지나지 않는다.

2. 헌법의 통제를 받으며 민주적으로 사는 사람들의 여론에서 비롯되는 권위가 바로 **헌법상의 권위**이다. 정부나 교육 기관, 군(軍), 경찰과 소방 당국, 그리고 그밖의 다른 공공 기관 및 공무원과 대표자들이 권위를 갖게 되는 단 한 가지 이유는 국민들이 그들의 손에 힘을 부여해주었기 때문이다.

3. **위임된 권위**는 더 큰 권위로부터 부여받은 권위를 말한다. 경찰관이 범인을 체포할 수 있는 것은 단지 더 큰 힘을 가진 법과 권력자로부터 그럴 권한을 부여받았기 때문이다. 신호등의 빨간 불 자체에 무슨 권위가 담겨 있는 것은 아니지만, 빨간 불이 켜지면 멈추어 서는 것은 그 신호가 우리 각자가 가진 권위를 대표하고 있기 때문이다.

▫ 아이들에 대해 부모가 가진 권위는 하나님으로부터 위임받은 것이다. 시간을 내서 성경을 찾아가며 하나님께서 부모에 관해 어떻게 말씀하셨는지 아이에게 알려주라. 여기서 나온 결론은 아이가 부모의 행동과 징계를 이해하는 데 도움이 될 것이다.

▫ 일반적으로 경험과 성격, 또는 관계들도 권위가 창출되는 또 다른 원천이 된다. 충고는 흔히 한 사람의 경험에서 나오기 때문에 가치가 있는 것이다. 한 사람이 가진 인격의 완성도와 장점도 권위의 원천이 된다. 가령, 예수님은 하나님으로서의 능력을 동원하지 않더라도 인간적인 성

품에 근거하여 권위 있게 말씀하실 수 있었다. 한편 관계도 권위의 원천이 된다. 어린아이들 사이에서 또래의 압력이 옷 입는 방법이나 어투를 비롯하여 수많은 행동 유형들을 얼마나 가차 없이 바꿔버리는지 생각해보라.

어렸을 때 형성된 긍정적인 권위관(觀)은 아이가 사춘기에 이르러 권위를 가치 체계와 통제 체계로 마음속에 정리해가기 시작할 때 아이 키우기를 쉽게 한다.

□아이가 일생 일대의 교훈이 될 만한 실수들을 저지르게 되는 이 시기 동안 부모가 택할 수 있는 방법은 모범을 보이고, 대화를 나누고, 셀 수 없을 만큼 자주 '혀를 깨물고' 참는 것뿐이다.

□자녀가 어떤 사건이나 견해가 진리라고 우길 때마다 재치 있게 "누가 그러든?" 하고 물어보면 아이가 '권위 있는' 목소리를 평가할 줄 알게 된다. 이 문제와 관련된 성경 구절을 아이에게 가르쳐주라. 이것은 아이가 평생 따라가야 할 소중한 모범을 제시해줄 것이다.

□아이가 부모의 권위에 반항하면 어떻게 할 것인가? 반항 가운데 어떤 것은 아이가 홀로서기를 하는 과정에서 자연스럽게 나타나는 것일 수도 있다. 만일 부모가 자녀의 뚜렷한 특성과 독립적인 결정을 내리고자 하는 욕구를 희생시켜가면서까지 자신의 지배력을 행사하려는 방어 기제로서 권위를 휘두르는 경우, 아이의 반항은 부모의 잘못에서 비롯된 것이다. 실제로 이 경우에 있어서 아이의 순종하는 자세에 잘못이 있는 것이 아니라 권위의 남용이 문제이기 때문에 반항은 오히려 건전한 것이다.

▫사회 일반의 가치 기준을 부정하고 기존의 관점과 영원히 조화를 이룰 수 없는 어떤 가치 기준을 정당화해보려는 노력의 일환으로 반항이라는 방법을 택하는 경우도 있다. 테러리즘이 이런 유형의 반항의 대표적인 예다. 아이와 함께 테러리즘에 관한 보도를 시청한 다음 그 밑에 깔려 있는 권위에 대한 시각에 대해 야야기해보라. 이런 토론은 아이가 반항적인 태도를 보이는 까닭이 무엇인지에 관해 대화를 나눌 수 있도록 다리를 놓아줄 것이다.

아이에게 권위에 대한 성숙하고 균형잡힌 시각을 심어준다는 것은 쉬운 일이 아니다. 아무리 사소한 것일지라도 정말 중요한 것들은 아이의 마음속에 쉽게 심어줄 수 없는 법이지만, 그러나 이것이야말로 부모가 한 번 노력해볼 만한 가치가 있는 일이다.

26

단순한 삶을 가르치라

소비는 우리 사회를 떠받치고 있는 중요한 기둥 가운데 하나이며, 사실 소비자가 없다면 모든 경제 기능이 마비되고 말 것이다. 그러나 소비 욕구가 사람들의 가치 기준을 흐려놓고 마음을 온통 빼앗아간다면 소비란 기껏해야 가끔 왔다가 사라지는 흥분 상태에 지나지 않는다. 이런 소비는 사람들 마음속에 있는 단순성(simplicity)을 파괴한다. 단순성이란 온갖 소유욕을 떨쳐버린 생활 태도를 말하는데 이것은 '눈길을 하나님을 향해 고정시킬 때' 만 가질 수 있는 것이다.

크리스천의 세계관에 대해 깊은 관심을 가진 부모라면 이 중요한 은사를 자녀에게 가르치고 싶어할 것이다. 앞에서도 이야기한 바 있지만 이것은 참 힘든 일이다. 자신이 가르치는 것에 대하여 부모가 언제나 모범이 되어야 하기 때문이다. 다음은 자녀에게 단순한 삶을 귀하게 여길 줄 아는 마음을 키워주는 몇 가지 방법이다. 우선 내면적인 부분을 살펴보자.

▫ 자족하는 마음이 단순한 삶을 사는 토대가 된다. 사도 바울은 "내가 비천에 처할 줄도 알고 풍부에 처할 줄도 알아 모든 일에 배부르며 배고

품과 풍부와 궁핍에도 일체의 비결을 배웠노라 돈을 사랑치 말고 있는 바를 족한 줄로 알라"(빌 4:12~13, 히 13:5)고 말했다. 존 테일러(John Taylor) 감독이 "이만하면 됐다(enough is enough)"라고 표현했던 이런 태도가 부모의 노력을 뒷받침해주어야 한다.

아이는 어른들의 가장 훌륭한 선생이다. 아이들은 본능적으로 복잡한 장난감보다 간단한 놀이 기구를 더 좋아한다. 아이에게서 배우라. "좀 더!"라는 광고장이들의 두 마디 짜리 메시지에 현혹된 가족들의 귀를 돌려놓으라. 아침 햇살, 아이들의 부서지는 웃음 소리, 재미있는 이야기, 옛 친구와 나누는 정담 등 우리 모두가 이미 공짜로 받아 가진 단순한 기쁨들을 함께 누리는 법을 배우라.

□ 단순한 삶이 얼마나 자유로우며 매임이 없는지 아이에게 이야기해주라. 단순성이라는 것이 인생을 번잡하게 만들지 않고 얼마나 풍성하게 하는지 가르쳐주라. 단순성이 세상 만물 가운데 사람을 얼마나 가치 있게 만드는지 설명해주라. 주변에서 볼 수 있는 아름다운 것들, 우정, 단순한 기쁨들에 대화의 초점을 맞추라.

□ 가족들에게 평범하고 진솔한 말로 단순한 삶이 무엇인지 설명하라. 아이에게 축구 경기를 보러가겠다거나 바이올린 연주회에 데려가겠다고 약속했으면 반드시 그 약속을 지키라. 자신이 한 말을 실천하지 않는 것은 부정직한 일이며 단순한 삶을 보여주는 것이 아니라 겉 다르고 속 다른 모습을 그대로 드러내는 것이다.

□ 전달하고 싶은 말을 정확히 표현하라. 가령, 가족들끼리 일상적으로 쓰는 말에 "나 배고파 죽겠어."라는 표현이 있다. 이 말은 잘 봐준다고 해도 반쪽짜리 진실이며, 실제로 수많은 사람들이 굶주려 죽어가고 있다는

사실을 호도하는 얘기이다. 모든 일상적인 용어에서 쓸데없는 수식어를 빼버리고 있는 그대로를 말하라.

　□여유(margin)를 갖고 살아라. 여유란 몇 분 정도 일찍 도착하도록 약속 장소에 나가는 것을 말한다. 갓난아이가 딸린 부모한테는 약속 시간보다 앞서서 나간다는 것이 거의 불가능할 때가 있다. 그러나 열심히 연습하면 식구들의 낙심과 염려를 덜어주는 소득을 얻을 수 있을 것이다. 헐떡거리며 긴장한 상태로 어떤 일에 맞닥뜨리기보다 여유를 갖고 준비된 마음으로 부딪히도록 노력하라.

　□정기적으로 자신을 돌아볼 수 있게 인식을 도와주라. 아이가 자신과 자신이 사는 세계에 대한 인식을 넓혀가도록 중요한 책들을 읽게 하라. 케이 린스쿡(Kay Lindskoog)이 쓴「독서하는 아이로 키우는 법(How To Grow a Young Reader)」이라는 책은 이 부문에 좋은 참고 자료가 된다. 어느 정도 나이가 든 아이들에게는 매일 저녁 책 읽는 시간을 정해주라. 어린아이들에게는 15분에서 1시간 30분 정도가 알맞다. 때로는 부모가 아이들에게 책을 읽어주고 그 내용을 주제 삼아 대화를 나누라. 이런 일들을 하면서 자기 정체성과 존재 이유를 지속적으로 분명하게 일깨워주는 것이 꼭 필요하다.

　외면적인 단순성을 추구하는 일은 내면적인 단순성을 키우는 일만큼이나 중요하다. 다음과 같은 방법들을 검토해보자.

　□아이가 자신을 통제하고 다스리도록 도와주라. 이것을 실천하는 한 가지 방법으로 용돈 관리를 들 수 있다. 용돈을 얼마나 줄 것이며 그 가운데 몇 %를 저축할지가 한 번 결정되면(대개 용돈을 줄 때마다 10%쯤 저

금하게 될 것이다), 단순한 삶이라는 원칙을 염두에 두고 남은 돈을 어떻게 지출할 것인지를 아이와 함께 결정하라(더 자세한 내용은 1장에서 이미 이야기한 바 있다).

▫︎가족들과 함께 지출 예산에 관해 토의해보고 넘어서는 안 될 선을 정하라. 우리가 살고 있는 문화가 아이 어른 할 것 없이 모든 사람에게 눈에 보이는 것마다 욕심을 내도록 가르치고 있다는 사실을 언제나 기억하라. 사고 싶은 것을 사는 게 아니라 꼭 필요한 것을 사는 습관을 들이기는 무척 어렵지만 이것이 바로 자유롭게 사는 비결이다.

▫︎온 가족이 힘을 모아 광고를 쏟아놓는 기계에 맞서 싸우라. 거짓말로 가득 찬 텔레비전 상업 광고가 나올 때마다 "저 광고에서 잘못된 점은 무엇이라고 생각하니?"라는 질문을 되풀이해서 던지라.

▫︎아이들이 그리스도께서 세상에서 즐겨 가까이 하셨던 불쌍하고 가난한 사람들과 사귀도록 도와주라. 식구들이 마음을 합쳐서 도와주어야 할 이웃이나 마을 사람이 없는지 살펴보라. 아이들이 고아들을 후원하게 도와주고 '나쁜 길로 빠지지 않고' 가난한 사람들의 친구가 될 수 있는 작은 일들을 찾아보라.

▫︎'장삿속'으로 화려하게 꾸며놓은 상품보다 집에서 만든 것에 흥미를 갖게 하라. 찾아보면 아주 재미있으면서도 서로를 더 가깝게 만들 수 있는 다채로운 일들이 무제한으로 널려 있다. 온 가족이 모여 앉아 저마다 자기의 주요 관심사에 대해 이야기하라. 다른 사람의 이야기를 기쁜 마음으로 들어주라. 부모는 뛰어난 이야기꾼이 되어야 한다. 그래야 모범을 보일 수 있기 때문이다. 단순하게 사는 자유는 손에 넣기도 어렵고 안정되게 유지하기도 어렵지만 세상을 살면서 갈등 없는 기쁨을 누리는 대

가를 받게 된다. 프랑스와 드 샬르(Frances de Sales)는 이렇게 충고한다. "무엇을 하든지 단순하게 하라."

3부
가치 기준

부모의 책임은 아이에게
행복을 가져다주는 것이 아니라
좋은 성품을 심어주는 것이다.
-헤임 지노트(Dr. Haim Ginott)-

내가 네게 가르쳐주고 싶은
놀라운 일은 바르게 사는 삶이 곧
가장 현명한 삶이라는 것이다.

27
정직의 본을 보이라

 정직성은 '핵심적인 가치 기준' 가운데 하나이며 흠없고 성숙한 인격을 빚어가는 참된 재료다. 모든 가치기준이 다 그렇지만, 정직은 그림을 그리듯 아이들 위에다 덧칠할 수 있는 게 아니다. 오히려 열매처럼 나무 전체가 자라는 과정에서 조금씩 익어가는 자질이다. 그러므로 부모들이 해야 할 일은 아이들이 흔들림 없는 양심을 가지고, 열심히 진실을 추구하며, 자신을 돌아볼 능력을 갖추도록 이끌어주는 것이다.

정직성은 보통 (1)사실을 존중하는 단계, (2)관계를 생각하는 단계, (3)내면화의 단계 등 세 가지 교육 단계를 거쳐서 가르치게 된다.

■사실을 존중하는 단계는 아이들이 정직이란 무엇이며 정직하지 않았을 때는 어떤 결과를 초래하게 되는가 하는 인식을 마음속에 차곡차곡 쌓아가는 과정이다. 이 단계에서는 거짓 없는 태도가 얼마나 귀중한지를 보여주는 성경 이야기는 대단히 유익하다. 초등학교에 다니는 아이들에게 야곱이 자기 아버지에게 거짓말했던 이야기(창 27장)를 들려주라. 십대 청소년들과는 밧세바에 얽힌 다윗 왕의 죄(삼하 11장)에 대하여 토론

하라. 요시야 왕이 하나님의 계획에 얼마나 성실하게 순종했으며(왕하 22, 23장), 미가야가 진리를 향해 얼마나 뜨거운 마음을 품고 있었는지 (왕상 22:14) 살펴보라.

■아이의 정신적이고 성적인 자아 개념은 대략 두세 살 때부터 형성되기 시작한다. 부모가 하는 말을 듣는 데서 한걸음 더 나아가 엄마 아빠의 행동을 그대로 따라하기 시작한다. 관계를 생각하는 교육 단계는 이런 모방 욕구에서 출발한다. 그러므로 부모는 자신의 정직도가 어느 수준에 와 있는지 주의 깊게 살펴볼 필요가 있다. 아주 어린아이들이라 할지라도 어른들이 상상하는 것 이상으로 엄마 아빠가 얼마나 성실하게 살려고 애쓰는지를 놓치지 않고 지켜보고 있으며 또 알고 있다. 부모는 아이들에게 직업 윤리와 소득세 신고 방법에 대해 떳떳하게 이야기할 수 있는가? 어떤 사람에게 잘 보이려는 생각에서, 또는 대수롭지 않고 귀찮은 일을 피하기 위해서 '악의 없는 사소한 거짓말들(little white lies)'을 남발하고 있지는 않는가? 가령 걸려온 전화가 받기 싫을 때 아이를 시켜서 "아빠 없다"고 말하게 하지는 않는가?

부모가 자기 잘못을 솔직하게 인정하는 모습을 아이에게 보여주는 것도 무척 중요하다. 예를 들어 위험한 상황에서 차를 너무 빨리 몰았을 경우, 집에 도착하기 전에 지나치게 속도를 냈던 점이나 약속을 지키지 않았던 점을 고백하라. 엄마 아빠가 실생활에서 이처럼 모범을 보이면 아이들도 솔직하게 털어놔야 할 문제가 생겼을 때 마음을 끓이지 않게 된다. 어느 부모는 이런 경험담을 들려주었다.

"유치원에 다니는 우리 아이는 누군가 자기 옆에서 기도하고 있다는 사실을 알아차리면 절대로 하나님 앞에 자기 죄를 고백하지 않습니다. 아빠가 자신의 잘못을 하나님께 드러내놓고 고백하는 걸 보고나서야 회개 기도를 시작하는 거죠."

■정직성을 가르치는 세 번째 단계는 아이가 일상 생활 속에서 익힌 정직의 원칙들을 인격의 일부로 내면화하도록 돕는 일이다. 아이에게 5,000원 짜리 지폐를 보여주고 복도에서 우연히 이 돈을 주웠다면, 또는 가게 점원이 잘못 거슬러주었다면 어떻게 할 것인지 물어보라. 정직한 행동은 마음을 편안하게 하며, 다른 사람을 돕는 동시에 엄마 아빠는 물론 하나님을 기쁘시게 하는 일임을 강조하라. 정직한 행동을 요하는 다른 상황을 가정해놓고 온 식구가 역할극을 해보라.

우리가 명심해야 할 것은, 전문가들의 연구에 따르면 아주 어린아이들은 잘잘못을 가릴 능력이 전혀 없고 오직 어떤 결과가 나타나느냐에만 관심을 갖는다는 사실이다. 아이들이 부모의 말을 받아들이는 것은 그래야만 엄마 아빠가 좋아하기 때문이다. 아이는 자신이 정직하게 행동했는지의 여부를 부모가 칭찬을 해주는지 아니면 궁둥이를 때려주거나 방에 가두어놓는지에 따라 판가름한다. 결국 도덕적인 논리는 어린아이의 행동에 별다른 영향을 미치지 못하는 것이다.

□그러나 초등학교에 다닐 나이가 되면 아이의 인식이 성숙해지기 시작하며 내적인 윤리 기준에 따라 자신의 행동 판단을 내리게 된다. 이 시기에는 실감나는 이야기를 들려줌으로써 정직성을 가르칠 수 있다. 가령 아이에게 "친구가 구멍가게에 가서 사탕 하나를 도시락 가방에 슬쩍 넣는 것을 보았다면 어떻게 하겠니?" 하고 물어보는 것이다. 그리고 이어서

"왜 그렇지?" "그러면 어떤 일이 생길까?" 물어보라. 이 또래의 아이들쯤 되면 그저 부모를 기쁘게 한다는 차원을 넘어서 왜 정직해야 하는가에 대한 동기 부여를 받게 될 것이며 스스로 행복하게 살기 위해서라도 올바르게 행동하게 될 것이다.

▫ 중고등학교에 다니는 아이들은 인식이 충분히 자란 상태이며 자신이 지녀야 할 가치 기준에 대하여 보다 추상적인 수준으로까지 사고를 키워나갈 능력을 갖추고 있다. 이 시기에는 부모가 정치 경제 분야에서 개인이나 집단이 일으킨 여러 부정직한 사건들을 다룬 신문기사를 자녀와 함께 읽고 대화를 나눔으로써 도움을 줄 수 있다. 자녀들이 그런 사건이 벌어지게 된 동기들을 가려내도록 도와주라.

▫ 시험을 치르는데 남의 답안지를 훔쳐보는 상황, 다른 사람의 신분증을 써먹는 경우, 또는 어디서 놀다 왔는지 부모에게 거짓말하는 장면 등 아이들 나이에 맞는 구체적인 상황을 설정하여 역할극을 계속하라. 정직하지 않음으로써 빚어지는 일들, 특히 관계에 입히게 되는 손상에 대해 깊이 생각하게 하라. 한 번 거짓말을 한 사람이 그 일을 탄로내지 않기 위해 어떻게 거짓말을 늘려가는지 자세히 살펴보라. 우리가 정직하지 않고는 학교에서도, 가정에서도, 결혼 생활에서도, 이 사회와 나라에서도, 그 어디에서도 다른 사람들과 제대로 어울려 살 수 없다는 사실을 아이에게 잘 가르쳐주라.

아이가 성경에 근거하여 정직에 대해서 분명하게 인식하고 있다면 그저 어느 게 더 마음에 드는가, 어느 게 더 다른 사람들의 인정을 받는 길인가, 어느 게 더 편한가 따위로 옳고 그름을 가려보려는 흔하디 흔한 함정들을 잘 피해 갈 수 있을 것이다. 아이들의 양심은 모든 형태의 부정직에 대해 민감하게 될 것이며 그 양심에 힘입어 끊임없이 정직한 삶을 추구할 수 있을 것이다.

□성장 과정을 통하여 다른 사람의 행동은 물론 아이의 행동에도 한결같이 초점을 맞추라. 마주 앉아서, 또는 또래들 앞에서 아이를 격려해주고 칭찬해주라. 자녀에게 붙여준 '정직한 아이'라는 딱지는 정직이 얼마나 소중한 가치 기준인지 다시 한번 강조해주며 앞으로 살아가면서 정말 어려운 결단의 순간이 왔을 때 부끄럽지 않게 행하는 동기를 부여해준다.

28
텔레비전이라는 괴물을 잡아라

미국의 보통 아이들은 고등학교를 마칠 때까지 한 명당 평균 15,000시간 정도를 텔레비전을 보는 데 소모한다는 통계가 있다. 이것은 잠 자는 시간 말고 가장 긴 시간이다. 이 15,000시간 동안 아이는 35,000번 정도 상업 광고에 노출되며 18,000건의 살인 장면을 목격한다.

우리 사회에서 가장 파괴적인 힘을 가진 것은 아마도 텔레비전일 것이다. 아이 어른 할 것 없이 텔레비전 앞에 앉아 있을 때 가장 생각을 많이 한다. 그러나 시청 습관과 전체 시청 시간에 따라 텔레비전은 아이들에게 부정적인 영향을 미칠 수도 있고 긍정적인 작용을 할 수도 있다.

먼저 부정적인 측면을 살펴보면, 너무 오랜 시간을 매달려 있다든가 부모의 지침이나 훈련 없이 텔레비전을 보는 것은 아이에게 해롭다. 이 경우 텔레비전은,

1. 아이에게 별로 좋을 게 없거나 필요하지도 않은 물건을 갖고 싶어 하거나 사게 만든다.
2. 현실 도피적인 아이가 되게 한다.

3. 창의성과 개성적인 성장을 가로막고 또래들의 경향을 맹목적으로 따라가고 또래들과 비슷해지려고 적극적으로 노력하게 된다.

4. 어떤 아이들에게는 공격적이고 폭력적이게 만드는 원인을 제공하기도 한다.

5. 세상에 대해서 비현실적인 시각을 갖게 한다.

그러나 적절하게만 사용하면 텔레비전을 통해 다음과 같은 효과를 얻을 수 있다.

1. 온 가족을 하나로 묶어준다.
2. 가족 성원들끼리 대화를 나누는 자극제가 된다.
3. 아이가 마음을 편하게 먹고 긴장을 풀게 한다.
4. 건전한 오락을 제공한다.
5. 아이로 하여금 새로운 정보와 아이디어 및 새로운 시각에 접하게 한다.
6. 아이의 세계관을 확장시켜준다.

텔레비전과 관계해서 다음 세 가지 질문이 아마 가장 중요할 것이다.
(1) 텔레비전을 얼마나 보는 것이 좋은가?
(2) 피해야 할 유형의 프로그램은 어떤 것들인가?
(3) 텔레비전을 통해서 얻어야 할 것을 아이가 가릴 수 있게 해주는 방법은 무엇인가?

여기에 대해 저마다 여러 견해가 있을 수 있겠지만 다음과 같은 원칙들이 널리 받아들여지고 있다.

■하루, 또는 일주일에 얼마만큼씩 텔레비전을 보게 허락하느냐는 별로 문제가 되지 않지만(어떤 사람은 하루 한 시간을 넘어서는 안 된다고 말하는 반면 또 다른 사람들은 네 시간까지는 괜찮다고 말한다) 계속해서 두 시간 이상 텔레비전을 보는 것은 아이의 정신 건강에 좋지 않다. 텔레비전을 보는 것은 수동적인 활동인데 인생은 가만히 들여다보는 사람보다 살아 움직이는 사람에게 훨씬 더 생산적이기 때문이다.

■텔레비전 시청 시기도 연속 시청 시간 못지 않게 중요하다. 텔레비전을 보느라 식사에 지장을 받거나 식탁을 앞에 두고 나누는 대화가 끊어지지는 않는가? 이불을 덮고 누워 도란도란 이야기를 나누거나 기도하는 시간을 텔레비전이 빼앗아 가지는 않는가? 저녁 때 식구끼리 산책을 나가고 게임을 하는 기회, 또는 같이 책을 읽는 기회를 훔쳐가지는 않는가?

□먼저 식구들끼리 텔레비전 시청에 대해 조사를 해보자. 일주일 동안 하루 24시간의 움직임을 기록할 수 있는 도표를 만들어 텔레비전 위에 놓아두고 식구들이 시청한 프로그램을 한칸 한칸 기록해나가라. 가족들이 그렇게 오랫동안 텔레비전을 본다는 사실에, 또 가족들이 많은 시간을 들여서 시청하는 프로그램이 그처럼 다양하다는 사실에 놀라움을 금치 못할 것이다.

□다음은 텔레비전 시청에 관한 실험이다. 온 가족이 합의해서 일주일 동안(한 달이라도 좋다) 다락에 처박아두라. 그리고 매일 저녁 식구들이 다함께 즐길 수 있는 여러 프로그램을 마련하라. 서재에 쌓인 책들을 점

검해보고 같이 읽으라. 돈을 들여서 새로운 게임 용구를 몇 가지 사들이라. 산책을 나가거나 이웃집에 놀러가라. 마당의 나무들을 돌보고 도배를 다시 하는 등 무언가 생산적이면서도 식구들이 재미를 느낄 수 있는 일들을 찾아 하라. 갑자기 텔레비전을 '끊으면' 처음 며칠 동안은 힘들겠지만 얼마 지나지 않아서 쓸 수 있는 시간이 많아졌다는 사실에 크게 놀라게 된다. 실험이 끝나면 모든 식구들이 그 동안 텔레비전 시청에 얼마나 많은 시간을 빼앗기고 있었는지 그저 감정적으로 평가해보는 차원을 넘어서 보다 객관적으로 상황을 바라볼 수 있게 될 것이다.

ㅁ아이들이 텔레비전을 보면서 느끼는 정신적인 갈등은 주로 상업 광고나 폭력물, 비현실적으로 묘사된 삶 따위에서 비롯된 것이다. 이것을 바로잡아주고 아이들의 사고 방식이 제대로 자라나게 하려면 부모가 아이들과 함께 텔레비전을 시청하면서 그 가운데 드러난 오류와 모순에 대해서 이야기를 나누는 것이 필요하다. 한 프로그램이 끝날 때마다 그 인상이 마음속에 아직 생생하게 남아있을 때 각자가 본 내용에 대하여 이야기해보라.

1. 상업 광고 뒤에 숨겨진 근거 없는 가정과 가치 기준들을 집어내라.
2. 폭력적인 장면을 지적하고 실생활에서 폭력이 얼마나 심각한 문제인지 이야기해주라.
3. 일반적인 텔레비전 영상에 주목하면서 남성과 여성, 가족, 인종, 종교 집단에 대한 상투적인 어구들이 얼마나 나오는지 세어보라.
4. 텔레비전 뉴스 가운데 정치 사회적인 편견이 들어있지 않은지 살펴보라. 하루에도 수백 가지 새로운 사건이 생기지만, 아주 사소한 기준에

따라 어느 것이 더 중요하고 중요하지 않느냐를 결정한 다음, 극소수의 중요한 뉴스만을 선택해서 방송한다는 사실에 대하여 의견을 나누라. 뉴스 진행자가 사용하는 용어에 때로는 자신의 감정이 섞여 있다는 사실을 생각하라.

▫주초에 텔레비전 프로그램 편성표를 가져다놓고 아이와 함께 어떤 프로그램이 볼 만한 가치가 있는지 결정함으로써 텔레비전 시청을 의도적으로 조절하라. 아이와 같이 넘어가서는 안 될 선을 정하라. 다음 질문들을 올바른 텔레비전 시청을 위한 지침으로 삼으라.

1. 재미있는 프로그램인가, 아니면 오락적인 프로그램인가?
2. 아이들이 이해할 만한 프로그램인가?
3. 옳고 그름을 분명하게 구별하고 있는가? 또 아이들에게 소중한 가치 기준을 제시하고 있는가?
4. 섬뜩할 만큼 무서운 내용은 아닌가?
5. 현실과 환상을 명확하게 구분하고 있는가?

▫어린아이들에게 범죄를 주제로 한 프로그램이나 쉽게 해소되지 않는 스트레스를 주는 프로그램, 괴기물, 현실과 환상의 구별이 모호한 프로그램 따위는 금물이다.

▫성인물들이 주류를 이루는 보통 오후 10시 이후는 아이들을 위한 시간대가 아님을 명심하라.

▫텔레비전 중독증에 걸린 부모는 아이들이 절도 있게 시청할 것을 기

대할 자격이 없다. 부모가 먼저 아이에게 가르치고자 하는 텔레비전 시청법의 본을 보이라.

아이들도 분별 있게 텔레비전을 시청할 수 있다. 지혜주시는 하나님을 신뢰하고 텔레비전과의 싸움에 나서라. 그러나 가정에서 텔레비전을 반드시 괴물 보듯 할 필요는 없다.

29
삶 속에서 성교육을 시작하라

오늘날 우리 문화에서 가장 남용되고 파탄 지경에 이른 것 가운데 하나가 바로 인류의 성(性)이다. 많은 성문제 상담소, 홍수를 이루는 음란 잡지들, 심지어 목욕탕에 붙여놓은 그림까지도 이 사실을 뒷받침하고 있다. 아이에게 균형잡히고 성경적인 성 관념을 심어주고 훈련시키는 일은 대단히 어려운 과제여서 그냥 '전문가들' 한테 맡겨버리고 싶다는 유혹을 불러일으킬 정도이다.

하지만 아이들에게 성을 가르치기에 가장 좋은 위치에 있는 사람은 역시 부모이다. 부모야말로 자연스러운 상황(나이 어린 동생을 목욕시키는 경우처럼)에서 아이들이 그때그때 품게 되는 의문을 처음 대하는 사람이며 아이의 최고 관심사가 무엇인지 항상 염두에 두고 있는 사람이기 때문이다. 또한 부모는 열심과 사랑을 가지고 아이가 성에 대한 건전한 태도를 키워가도록 환경을 조성해줄 수도 있다.

동시에 성교육은 자녀의 성장 과정에서 핵심적인 부분을 차지하고 있기 때문에 결코 교사나 또래들의 손에만 맡겨놓을 수는 없다. 그러나 몇 년 전에 발표된 십대 청소년들에 대한 연구 조사에 따르면, 열네 명의 아이들 가운데 단 한 명만이 성 지식을 친구들한테 얻어 듣는 것이 아니라 부모로부터 배운다고 한다. 그 결과 성에 대한 잘못된 정보와 불건전한 태도가 만연되고 있는 것이다. 십대 청소년들의 혼전 성경험과 임신이 계속 증가하는 추세에 있으며 STD증후군(성관계를 통해서 전염되는 질병)이나 후천성 면역 결핍증(AIDS)의 위험까지 커지는 지금, 성과 관련해서 하나님을 온전히 경외하는 태도를 길러주는 것이 그 어느 때보다도 더 중요한 일이라고 하겠다.

처음부터 한 사람이 성에 대해 갖게 되는 태도는 그 사람이 감정적으로 어느 정도 성숙했으며 어느 수준의 자존감을 가지고 있느냐와 직결된다. 그러므로 아이들이 합당한 태도를 갖추도록 가르치기 위해서는 반드시 몇 가지 기본적인 교육 원칙에 대해 심사 숙고해볼 필요가 있다.

■아이들은 자신이 그 동안 살아오면서 사랑받은 경험을 토대로 성적인 충동에 대해 반응하게 된다. 부모는 가정에서 밝은 분위기와 서로 돕는 감정적인 풍토를 조성함으로써 아이로 하여금 정신적인 일체감과 인격적인 관계를 기피할 필요가 없으며 이것이 성에 대한 건전한 태도를 갖는 필수적인 성분이라는 사실을 인식해야 한다.

■자기 몸에 어떤 태도를 보이느냐는 그 아이의 성 관념을 선명하게 보여준다. 지금 엄마 아빠가 된 사람들이 어렸을 때 그랬던 것처럼, 아이들은 자기가 내놓은 의문들에 대하여 부모가 던지는 한 마디의 말, 표정, 반응들과 스스로 알게 된 사실을 종합해서 자기 몸에 대한 느낌들을 광범위하게 키워간다. 어린아이들에게 있어서 이것은 중요한 관심 분야 가운데 하나다.

■ 아빠와 딸, 또는 엄마와 아들 사이의 관계가 원만하면 아이는 대체로 이성에 대해 밝은 느낌을 갖게 되며 장차 잘 조절된 이성관을 갖추게 된다. 집에서 엄마 아빠가 드러내놓고 서로를 향한 사랑과 만족을 표시하는 모습은 부모가 아이들에게 반드시 보여주어야 할 귀감이 아닐 수 없다.

■ 가정에서 민주적인 방식으로 아이들을 훈련시키는 것은 바람직한 성 교육을 위해서 매우 중요하다. 민주적인 가정이 강조하는 서로 존중하는 태도는 장차 아이가 갖게 되는 성 개념의 일부를 차지하게 된다.

다음은 자녀에게 건전한 성 개념을 심어주는 실제적인 방법들이다.

□ 아직 학교에 다니지 않는 아이가 처음 성에 대한 질문을 해왔을 때, 사람이 아이를 낳는 과정에 대하여 거짓 없는 정보를 상세하게 일러주는 일부터 시작하라. 생식 기관과 성 행위를 묘사할 때 어떤 용어를 사용할지 결정하라. 공공 도서관이나 기독교 서점에 가면 아이들의 나이에 따라 적절하게 대화를 이끌어가는 안내서들을 구할 수 있다. 구체적인 질문에는 구체적으로 대답하라. 여기서 부모가 기초적으로 알아야 할 지침은, 대답은 자세하게 해주되 그 당시 아이가 알고 싶어하는 것 이상으로 면밀하고 포괄적인 내용을 알려주려고 애쓰지 말라는 것이다. 단순하게 대답하라.

□ 이제 막 사춘기 문턱에 들어선 아이들은 집에서 기르는 애완 동물들을 보거나 친구들과 어울려 다니면서 여러 가지 질문거리들이 생기게 된다. 부모는 아이가 잘못 알고 있는 것을 바로잡아줄 필요가 있으며, 또래

들의 바르지 못한 태도들을 부드럽게 짚어주어야 한다. 동시에 아이가 신체적인 변화나 정서적인 변화에 대한 준비를 갖추게 해야 한다. 아이에게 성적인 충동은 견디기가 무척 힘들다는 사실을 알려주라. 사실을 말해주기 전에 아이가 가지고 있는 성에 대한 태도와 생각을 들어보라. 그럼으로써 부모는 아이가 다른 사람한테 얻어 들었거나 상상을 통해서 갖게 된 잘못된 성 개념을 분명하게 바로잡을 수 있다.

▫ 사춘기에 있는 아이들에게는 남성과 여성이 느끼는 성 충동이 어떻게 다른지 설명해주라. 여자 아이들은 남성이 주로 눈으로 자극을 받으며, 여성보다 훨씬 빨리 충동을 일으킨다는 사실을 알아야 한다. 사내 아이들은 여성은 흔히 감상적인 사랑의 맥락에서 성 충동을 느끼며, 남성의 성적인 접근을 영원한 사랑의 증거로 쉽게 단정지어버린다는 사실을 알 필요가 있다.

▫ 성에 대한 이야기를 나누기가 부담스러우면 아이에게 솔직하게 고백하라. 지금 하고 있는 이야기가 잘못된 건 아니지만 옛날에는 자연스럽게 입에 올리던 주제가 아니어서 쉽지 않다는 사실을 아이에게 분명하게 털어놓으라. 사전에 생식 기관들의 이름을 공부하고 한 번 중얼거려보면 도움이 될 것이다.

▫ 아이와 공개적이고 쉽게 대화하기 위해 노력을 기울이라. 부모는 자신이 의도하는 바를 적극적으로, 정성을 다해 들려주라. 한바탕 설교를 늘어놓는 것은 금물이다. 부모가 자신들의 괴로움을 이해하고 있다는 사실을 아이들이 인식하게 하는 일이 가장 값어치 있는 일이다.

▫ 아이들이 성적인 충동을 통제하지 못하고 일을 저질렀을 때, 예수 그리스도 안에서 용서함을 받을 수 있다는 사실을 알려주라. 부모도 용서

한다는 사실을 분명히 밝히라. 성적인 충동과 또래 집단의 압력이 심한 사춘기에는 높은 자존감만이 무분별한 성 행위를 막아주는 방패가 된다.

아이들이 성 문제를 어떻게 다루느냐를 결정하는 데는 엄청나게 다양한 요소들이 영향을 미치고 있다. 부모의 기도와 지성적이고, 민감하며, 균형잡힌 자녀 양육을 위해 쏟는 헌신이 있을 때 비로소 적절하고 꼭 필요한 바른 성 의식을 아이에게 심어줄 수 있는 것이다.

30
아이들의 권리를 찾아주라

인권, 생존권, 소수의 권리, 여권, 학생의 권리…. 권리가 하도 많다보니 다른 사람이나 집단의 권리를 침해하지 않고는 움직이기조차 힘들 지경이다. 그런데 여기에다 아이들의 권리라니?

별로 읽고 싶지 않다는 생각이 드는 것도 무리는 아니다. 하지만 대부분 사람들은 기본적으로 '권리'에 대한 관심을 가지고 있으며 자녀들에게도 이 권리를 넘겨주고 싶어한다. 자신은 그렇지 않다고 생각하는 사람이 있다면 타인에 의해 자유를 제한받으며 살았던 지난 역사를 돌아보라.

그러나 웬일인지 아이들의 권리를 이야기할 때면 인권의 개념은 양육권이라는 합법적인 원칙에 밀려 자취를 감추기 마련이다. 흔히 부모들은 단 한 번의 상의나 배려도 없이 아이들의 권리를 무시해버린다. 아이들의 권리와 부모의 책임 사이에는 직접적인 관계가 있기 때문이다.

그럼에도 불구하고 아이들이 부정적인 반응을 보이고 화를 내거나 도전적이고 반항적인 태도를 보이는 것은 자신의 권리가 침해되었다고 생각하는 까닭이다. 오늘날 아이들의 반항은 아주 흔한 일이 되었다. "제게도 권리가 있단 말이예요!" "제가 결정하면 안되는 이유가 뭐지요?"

가족들 사이에서 아이들의 권리를 규정하는 일은 좀 까다롭지만 자녀와 함께 해보면 정말 큰 보람을 얻을 수 있다. 여기 부모가 생각해야 할 아이들의 권리 몇 가지가 있다.

ㅁ아이는 아이로 대접받을 권리 아이는 작은 어른이 아니다. 유년기는 어른이 되기를 기다리면서 그저 '흘려보내는 기간'이 아니다. 실제로 사람들은 아이 때에 가졌던 성품 가운데 몇 가지는 일생 동안 간직하고 싶어한다. 그러나 종종 우리 부모들은 아이들에게 어른의 삶을 준비하고 '냉엄한 현실'에 대비하게 하느라고 귀중한 어린 시절을 즐기지 못하게 하는 우를 범한다. 아이들이 있는 그대로 아이로서 대접받을 수 있는 권리는 인격의 완성을 위해 없어서는 안될 요소이다. 아이들에게 저마다 독특하게 자랄 자유를 주어야 한다. 지금 여기 있는 나는 세상에 단 하나밖에 없으며, 다시 되풀이되지 않는 기적과도 같은 존재이다.

ㅁ놀 권리 노는 일은 우리가 생각하는 것보다 훨씬 중요하다. 놀이는 아이들에게 주어진 일이다. 엉금엉금 기어다니고, 벽돌을 쌓아올리며, 진흙으로 빵을 굽고, 빈 서랍이나 스케이트 보드, 파도타기 판자 따위를 만드는 놀이터가 아이들의 직장이다. 잘 노는 것은 잠자리를 잘 정리하고, 청소를 잘하며, 잔디에 물을 잘 주고, 쓰레기를 잘 치우는 일만큼이나 중요하다. 흔히 부모들이 아이들에게 놀이란 일다운 일을 하고 난 다음에야 누릴 수 있는 특권이라는 생각을 심어주려고 애쓰는 것은, 그런 사고가 보편 타당한 원칙이기 때문이 아니라 샘이 나서 하는 소리인지도 모른다.

ㅁ가정사(家庭事)에 한 몫 할 권리도 있다. 당연한 얘기지만 아이들도 자기 주변의 일들이 결정되는 과정에 참여하고 싶어한다. 특히 열 살 전

후의 아이들에게는 이것이 매우 중요하다. 실제로 자기 의견을 떳떳이 말할 권리는 건전한 자아상을 키우는 데 필수적이다. 그리고 아이는 결정 과정에 참여하면서 그에 따르는 책임 의식을 자발적으로 갖게 된다.

이것은 물론 부모가 모든 권위를 아이에게 넘겨주어야 한다는 뜻은 아니다. 그러나 아이들의 생각이 어떠하며 무엇을 더 좋아하는지 진심으로 경청하고 고려함으로써 의사 결정 과정에서 자녀들이 가치 있는 역할을 하도록 맡겨줄 수는 있다.

□ **사생활을 침해받지 아니할 권리** 안타깝게도 수많은 사람들이 부모에게는 아이의 편지를 뜯어 보거나 일기장을 읽는다든지, 사전에 아무 허락도 받지 않고 자녀의 물건을 가져다 쓰거나, 인기척 없이 아이의 방문을 벌컥 열 권리가 있다고 믿고 있다. 누군가 이런 식으로 우리들의 사생활을 침해했다면 아마 대단히 기분이 상했을 것임에 틀림없다. 그런데도 왜 아이들을 그만큼 존중해주지 않는가?

아이들이 감추고 싶어하는 신체적인 비밀을 침해하는 것은 근친 상간(incest)의 첫 단계라고 해도 과언이 아니다. 최근 가난한 집이든 부잣집이든 경제적인 처지와 상관 없이 근친 상간이 놀랄 만큼 빈발하고 있다는 조사 보고를 주목할 필요가 있다.

□ **벌을 받기 전에 당당하게 자신을 '소명' 할 권리** 아이들도 벌을 받기 전에 자신의 결백을 입증할 기회를 가질 수 있어야 한다. 잘 알지 못하던 상황에 대해 듣고 나면 아이들의 잘못에 대한 부모의 반응이 달라질지도 모른다.

□ 그밖에 아이들이 가진 권리는 다음과 같다. 정당한 대우를 받을 권리, 사랑받을 권리, 인정받을 권리, 가끔은 아무 말도 하지 않을 권리, 부모와

다른 견해를 가질 권리, 잘못을 범하고 용서받을 권리, 신앙으로 훈계받을 권리, 자신이 존중하는 것을 말할 권리, 변덕부릴 권리, 부모의 분신이 아니라 자신으로 존재할 권리…. 간단히 말해서 부모는 자신이 누리고 싶어하는 권리를 아이들에게도 주어야 한다는 것이다.

너무 어려서, 또는 아직 그럴 만한 자격이 없기 때문에 아이에게는 권리가 없을 것이라고 생각하는 부모가 있다면 다시 생각해볼 필요가 있다. 자녀가 다른 사람들로부터 권리에 대한 개념을 배우는 것보다는 부모에게 배우는 것이 훨씬 낫다.

그리고 책임과 그에 따르는 권리, 또는 권리와 특권의 차이를 배우기에 가정만큼 좋은 장소는 다시 찾아볼 수 없다. 오늘날 우리는 '권리'를 무례하고 무책임하거나 비도덕적인 행동(가령 공공 장소에서 바로 옆 자리에 앉아 있는 사람의 얼굴에다 담배 연기를 뿜어낼 '권리' 처럼)을 할 수 있는 면허증이라고 부르짖는 소리를 너무나도 흔하게 듣는다. "다른 사람의 권리가 시작되는 바로 그 자리에서 내 권리는 끝난다"는 격언은 가정에서 가르쳐야 할 덕목이다.

또 어떤 사람들은 자신이 마땅히 가질 수 있는 권리가 아닌 일종의 시혜에 가까운 원조나 특전을 사회에 요구한다. 부모는 아이들에게 자신의 생계는 자신이 꾸려나가야 하며 권리는 사회를 위해 헌신할 때 가질 수 있다는 사실을 가르쳐야 한다. '가족 회의'를 열어서 '우리 가정의 권리와 의무 법안'을 제정해보라. 신성한 권위를 규정한 내용과 아울러 분명하게 명시된 권리는 가족들 사이에 신선하고 아름다운 협동 정신을 길러줄 것이다.

31
감춰진 보물, 가족의 전통을 세워라

전통은 사람들이 저마다 간직하고 있는 소중한 추억의 누에고치에서 자아내는 명주실과도 같다. 가족 관계를 연구하는 사회심리학자들에 따르면 전통은 가족 사이에 감정적인 안정감을 창출하고 강화해줌으로써 커다란 변화를 일으킨다고 한다. 실제로 식구들끼리 단단한 유대 관계를 맺고 있는 가정은 대부분 전통을 가지고 있으며, 그 집안에서 통용되는 관습을 보면 가족 상호간에 어떠한 감정을 가지고 있는지 잘 알 수 있다는 사실이 일단의 연구를 통해서 드러난 바 있다.

사실, 관습은 가족들 사이의 유대 관계를 여러 모로 강화해줄 수 있다. 무엇보다도 전통은 가정의 영속성을 심어준다. 현재를 과거와 묶어주며 올해를 내년과, 우리 세대를 다음 세대와 맺어준다.

또 전통은 가정의 안정이라는 이익도 가져온다. 끊이지 않고 계속 유지되어온 한 집안의 관습(잠자리에 들기 전에 나누는 대화 한 토막이어도 좋고, 밥 먹을 때마다 기도를 드리는 습관이어도 좋다)이 제공하는 일정하고 익숙한 유형은 가족사(家族史)의 주기가 바뀔 때마다 앞을 예측할 수 있는 힘을 더해줌으로써 위로와 안정을 가져다준다.

식구들에게 소속감을 길러준다는 것도 전통이 주는 이익에 들어간다. 요즘 아이들은 여러 매체를 통하여 가족 대신 또래 집단에 들어가야 한다는 압력을 받고 있다. 그러나 집안에 전해 내려오는 특별한 관습은 그 가정을 그 무엇과도 바꿀 수 없는 특별한 장소로 만들어줌으로써 아이들에게 소속감을 주는 데 보탬이 될 것이다.

전통이 주는 이러한 이익들은 가족 구성원들 사이에 튼튼한 유대를 맺는 일과도 밀접한 관련이 있다. 예를 들어서 추수감사절 저녁에, 전통에 따라 온 식구가 한자리에 모여 저녁 식사를 함께 한다고 할 때 저마다 느끼게 될 포근하고 친밀한 감정을 생각해보라. 전통은 아이들이 자라서 집을 떠난 뒤에도 변치 않고 지속되는 일체감을 키워준다.

마지막으로 전통은 평범하고 기계적인 일상을 털어버리고 우리 삶에서 무엇이 중요한가에 초점을 맞추게 함으로써 인생에 의미를 더해준다. 우리는 저도 모르는 사이에 일상 생활 가운데 잠겨버리기 쉽지만 가끔 특별한 날이나 사건들을 갖게 되면 잠시 멈추어 서서 자신의 삶을 되돌아보는 기회를 얻을 수 있을 것이다. 예를 들어 한 식구의 생일은 그 사람의 성장과 남다른 점을 생각해보게 한다. 결혼 기념일은 나날이 깊어가는 부부 사이의 사랑을 되돌아보게 한다. 그리고 크리스마스나 부활절 같은 절기들은 부모의 신앙과 가치관을 살펴보고 그것을 자녀들과 함께 나누는 기회가 된다.

모든 측면에서 우리는 집안의 전통을 강화함으로써 가정을 탄탄하게 만들 수 있다. 혹시 집에서 지키던 전통 가운데 그 의미가 퇴색한 것이 있다든가 새로운 전통을 세우고 싶다면 다음 사항들을 참조하는 것이 좋겠다.

▫가족들에게 몇 가지 질문을 던지는 데서 시작하자. 우선 "우리집에서 조상 대대로 전해내려오는 전통에는 어떤 것들이 있지?"라고 물으라. 할아버지 할머니를 모셔다가 대답을 들을 수도 있다. 그 다음에 어떻게 하면 우리 가정에 새로운 전통을 세울 수 있는지 물어보라. 끝으로 어떤 전통을 새로 추가하고 싶은지, 또는 나이 드신 분들이 우리가 새로 세운 전통을 좋아하실지 물어보라.

이제 온 식구가 함께 현재 남아 있는 전통들을 재평가하고 새로운 전통을 세우기 위한 행사 계획을 마련하는 일에 뛰어들기 전에 다음과 같은 내용들을 염두에 두라.

▫간단한 게 최고라는 사실을 잊지 말라. 까다롭고 비용이 많이 드는 행사는 계속 유지되기 어렵다.

▫미리 계획을 짜고 준비하라. 일주일 전에 시작할 수도 있고 심지어 한 달 전에 시작할 수도 있다. 그렇게 하면 모두들 기대를 갖게 되는데 이것도 전통적인 행사에서 얻을 수 있는 기쁨 가운데 큰 몫을 차지한다. 전통적인 행사를 충동적으로 취소하거나 변경하지 말라.

▫값비싼 선물이나 활동보다는 그 행사가 가진 의미와 사람에 초점을 맞추라.

▫모든 식구가 행사 준비에 참여하고 또 모든 식구가 행사를 지켜보도록 하라.

▫압박감을 느끼거나 경직될 필요는 없다. 좋은 전통이라도 강요하면 재미가 없어진다. 좋은 생각이 떠오르지 않는다면 다른 방법을 써보라.

□ 행사 기간을 그 행사가 지닌 중요성을 부각시키는 '교육의 기회'로 활용하라. 아이들에게 하나님의 사랑에 대해 설명하는 데 크리스마스 이브만큼 좋은 기회가 또 어디 있겠는가? 또 부모의 결혼 기념일에 십대 자녀들에게 사랑과 결혼에 대해 이야기해준다면 얼마나 좋겠는가?

□ 마지막으로, 식구들 모두가 새로운 전통을 세우기로 마음만 먹는다면 아이디어는 곳곳에서 얻을 수 있다. 특히 '흘러간 추억의 세대'에서 전통을 찾고 싶으면 할아버지 할머니나 나이를 많이 잡수신 친척 어른들과 상의하라. 다른 식구들에게도 어떤 전통을 따르고 싶은지, 그 까닭은 무엇인지 물어보라. 이전에 읽었던 소설이나 재미있게 본 영화 속에서도 아이디어를 얻으라. 도서관에 가서 다른 나라의 풍속에 관한 책을 뒤져보라.

다음과 같은 제안들을 참고해보는 것도 도움이 될 것이다.

□ 가족들의 생일이면, 온 식구가 아침 일찍 생일 당한 사람의 침대 주위에 둘러서서 생일 축하 노래를 불러주자. 식탁에서 생일 당한 사람이 앉을 자리를 정해놓고 풍선, 색지, 카드 따위로 장식해보자.

□ 결혼 기념일에는 가족들의 성장 과정을 나타내도록 옛날부터 지금까지 찍어두었던 가족 사진이나 초상화를 연도별로 한 장씩 그 날의 주인공들이 앉을 자리의 정면에 붙여놓으라.

□ 크리스마스는 온정이 흘러넘치는 전통을 지킬 수 있는 완벽한 기회가 된다. 우선 지나간 한 해 동안 기억에 남는 중요한 일들을 선택하자. 그리고 그 사건을 나타내는 장식을 만들거나 사다가 크리스마스 트리를

꾸며보자. 가령, 장난감 고양이는 올해 새로 얻은 새끼 고양이를 나타내는 것이고, 종이 배는 지난 여름 방학을 상징하는 것이 될 수 있다. 장식 하나 하나마다 그 해의 사건들을 그리거나 새겨넣으라. 이제부터 크리스마스 트리는 가족의 '역사 책'이 되는 것이다.

ㅁ추수감사절에는 잔치 상을 받기 전에 식구 중에 한 사람이 나서서 이 절기의 유래를 설명하도록 하자. 그 다음, 작은 바구니를 차례차례 전달하면서 각자가 올해에 가장 감사드리고 싶은 일들을 이야기하고 쌀 한 움큼이라든가 낟알 따위를 그 속에 담게 해보자.

ㅁ우리가 반드시 기억해야 할 것은 이런 일들을 반드시 연중 행사로 치를 필요는 없다는 것이다. 엄마 아빠를 쉬게 해드리기 위하여 주일만큼은 아이들이 식사를 준비하게 하는 것도 아주 좋은 주간 행사가 될 수 있다. 잠자리에 드는 시간이나 식사 시간도 식구들끼리 날마다 지키는 전통을 세우기에 썩 훌륭한 기회가 된다.

앞에서 제시한 몇 가지 의견들은 이 글을 읽는 독자들이 각자 자기 가정에 가장 적합한 전통을 생각해보는 데 도움이 되도록 실마리를 제공한 것에 불과하다. 조금만 상상력을 발휘하여 준비를 하면 가족의 전통은 집안의 보물 단지가 될 것이다. 다른 것은 차치하고라도 이런 노력을 통해서 형성된 가족 간의 단단한 유대는 시공을 초월해서 언제까지나 계속될 것이다.

32
물질에 대한 청지기 의식을 키워주라

장난감이 방바닥에 어수선하게 굴러다니거나 새로 사준 값비싼 스웨터가 더러운 양말과 속옷 더미에 깔려 있는 걸 보면 부모는 화가 머리 끝까지 나게 마련이다. 웬만한 부모라면 당장 아이를 불러다가 장장 40~50분쯤 설교를 늘어놓고 싶어지는 게 당연하다.

성경은 지구의 천연 자원은 한정되어 있으며 한 번 훼손되면 복원하는데 엄청난 대가를 치러야 하므로 무엇이든 낭비하거나 남용해서는 안된다는 사실을 지적하고 있다. 문제의 핵심은 청지기 의식(stewardship)이다. 이제 중요한 원칙들을 먼저 살펴본 다음 그 원칙들을 아이들의 마음 속에 어떻게 심어줄 수 있을지 생각해보기로 하자.

■우선 이 세상에서 물질에 대한 소유 욕구를 가지면 가질수록 바른 물질관을 정립하기가 힘들다는 사실을 명심해야 한다. "쉽게 얻은 것은 잃기도 쉽다"라는 진리는 아이들에게도 틀림없이 적용되는 사실이다. 예수님께서는 부자의 허영과 부를 이루려는 맹목적인 노력에 대해 자주 경고하셨다.

■ 하나님께서는 우리에게 필요한 모든 것을 주시겠다고 약속하셨지만 우리가 원하는 것을 다 주시겠다고 말씀하시지는 않았다. 불행스럽게도 현대 상업 광고는 속임수를 써서 사람들이 '구매욕'을 느끼도록 만들고 있다. 필요하지도 않은 물건을 꼭 필요한 것처럼 포장해서 사고 싶은 생각이 들게 하는 것이다. 아이들의 경우, 이러한 소비 태도는 미숙함 및 또래 집단의 강한 압력과 어우러져서 균형잡힌 청지기 의식을 이해하고 실천하지 못하게 한다.

■ 가치 기준은 교육되는 것이 아니라 체득하는 것이므로 부모가 물건들을 제대로 쓰고 간수하는 모범을 보여주는 것이 반드시 필요하다. 항상 "내 소비 습관과 물건을 간수하는 모습에서 아이가 어떤 태도를 배울 수 있을까?"라고 스스로에게 질문해보라.

■ 모든 사물에는 타고난 수명이 있기 마련이다. 훌륭한 청지기 정신에는 물건을 망가뜨리지 않고 유효 사용 기간을 꽉 채울 때까지 잘 쓰는 일도 포함된다. 수명이 다 되기 전에 물건을 못 쓰게 만들거나 부숴버리는 행동은 모든 사물을 소중히 여기는 정신이 결여되어 있음을 드러내는 것이다.

■ (장난감을 포함해서) 어떤 공산품들은 품질이 형편 없어서 너무 빨리 고장이 나거나 칠이 벗겨져버린다. 그러므로 물건을 함부로 써서라기보다는 제작 과정이 치졸해서 망가지는 장난감에 대해서까지 아이가 죄책감을 느끼거나 낙심하지 않도록 해야 한다. 부모는 장난감은 물론, 우리가 구입하는 모든 물건들의 질을 판단하는 데에도 선한 청지기의 직분을 다해야 한다.

■ 물건보다 사람이 귀하다는 것은 만고 불변의 진리이다. 제아무리 어

렵게 구해준 물건이라도 그 물건을 지키는 일보다는 아이의 감정과 자존감, 인격을 감싸주는 것이 훨씬 더 중요하다. 아이가 장난감을 망가뜨리거나 잃어버렸을 때 엄마 아빠가 화를 내는 경우가 흔한데 이런 부모는 자기 물건을 잃어버려서 화가 나야 할 쪽은 오히려 아이라는 사실을 잊고 있는 것이다. 이 경우에 부모는 자신이 얼마나 화가 났는지에 초점을 맞추기보다는 '아이의 상실감을 어루만져주는' 것이 더 나은 접근 방법이라고 하겠다. 그런 상황에서 균형 감각을 찾는다는 것이 매우 어렵지만 그래도 잊지 말아야 할 필수 요소이다.

자녀들에게 물질에 대한 가치 기준을 납득시키고 청지기로서 올바른 습관을 들여주기 위해 다음의 내용들을 참조하라.

▫ 아이가 관심을 갖는 물건의 수를 제한하라. 아이들한테 장난감을 지나칠 만큼 과도하게 안겨주면 장난감 하나하나에 대한 값어치를 깨닫지 못하게 된다. 장난감을 순환제로 내어주라. 장난감 몇 가지를 얼마 동안 감추어놓았다가 꺼내줌으로써 아이가 헌 장난감을 갖고도 '새 것'으로 여기게 하라.

▫ 꼭 갖고 싶은 물건 가운데 얼마쯤은 아이가 직접 일을 해서 구입할 수 있도록 도와주라. 바라는 물건을 차지하기 위해서는 노력이 필요하다는 사실을 아이가 깨닫게 되면 그렇게 해서 얻은 물건은 더욱 소중하게 여길 것이다.

▫ 아이에게 플라스틱, 금속, 목재, 종이 따위의 원료가 되는 이 땅의 천연 자원에 대해서 이야기해주라. 한 번 써버리면 다시 생기지 않는 자

원의 의미에 대하여 대화를 나누라.

▫자기 물건을 어떻게 다루고 간수해야 하는지 알 만큼 나이가 찬 아이의 경우, 일단 한 번 주의를 주었는데도 물건을 남용하거나 함부로 쓰면, 일정 기간 동안 그 물건을 사용하지 못하게 하라. 물건을 향유하는 것은 권리가 아니라 특혜이다.

▫아이가 장난감이나 옷 따위의 물건을 계속해서 사방에 내팽겨쳐두고 정리하지 않으면, '토요일 상자(Saturday Box)'를 만들어주라. 그리고 무엇이든 흩어져 있는 물건들을 그 상자에 담아 다음 토요일까지 내주지 말라. 잔인한 처사 같지만 이런 훈련을 한두 주일 받고 나면 습관은 몰라보게 달라진다.

▫가족끼리 물건을 빌려주고 빌어 쓰는 지침을 만들어서 다른 사람의 소유를 존중하는 법을 가르쳐라. 여기에는 물건을 빌려가기 전에 허락을 받는 규칙에서부터 망가지거나 다 써버린 물건을 고쳐주거나 변상하는 규칙까지 모든 과정이 포함된다.

▫책자, 영화, 전도지, 가족 나들이 등을 통해서 식구들에게 보다 더 가난한 사람들을 보여주라. 어떻게 하면 가족들이 저마다 남는 물건을 그렇게 없이 사는 사람들과 나누어 쓸 수 있을지 생각해보라.

▫숨겨진 가정이나 가치 기준, 또는 속임수가 없는지 찾아보기 위해 광고를 음미하라. 체면이나 매력, 지성, 인기, 자신감, 안정감등을 유지하려는 사람들에게 사치스러운 물건들이 '꼭 필요한 물건'으로 둔갑하는 원리에 대해 의견을 나누라.

▫집에 너무 많은 물건을 쌓아놓고만 산다는 생각이 들면 일제히 정리하라. 얼마쯤은 남을 줘버리거나 알뜰 시장에 내놓으라. 또는 가치있게

쓰이도록 공공 기관에 기부해도 좋다. 모든 식구들이 이러한 대청소에 참여하도록 권하라.

무엇보다도 재산을 움켜쥐고 있는 부모가 손을 펴야 한다. 손을 움켜쥐고 있으면 먹고 살기는 편할지 몰라도 창의적이 된다거나 정말로 풍요로운 삶을 누릴 수는 없다.

33
아이들의 뿌리를 찾아주라

훗날 두 차례에 걸쳐 텔레비전 대하 드라마로 제작되기도 했던, 흑인 노예 가문의 이야기를 서사적으로 다룬, 베스트셀러 '뿌리'는 많은 사람들에게 자신의 뿌리에 대하여 생각해보는 계기를 만들어주었다. 이 텔레비전 프로그램은 이 세상에서 지리적으로나 사회적으로 뿌리 없이 사는 많은 사람들의 절박한 필요를 잘 드러냈다. 전통을 거부하는 세대, 나이 든 어른을 공경할 줄 모르는 시대, 단절된 가족의 삶은 결국 뻥 뚫린 가슴을 채워달라는 절규로 끝맺음하게 된다.

흔들리지 않는 뿌리가 있다는 느낌이 우리 모두와 특히 어린아이들에게 얼마나 중요한 것인가는 다시 말할 필요도 없다. 강력한 자기 정체감(self-identity:자신이 누구인가에 대한 인식)은 정신 건강을 유지하고 긍지를 갖는 데 없어서는 안될 요소이다. 자기 정체감의 대부분은 현재와 과거에 자신이 속했던 가족으로부터 생기게 된다.

이것은 영적인 문제에 있어서도 틀림없는 사실이다. 우리는 하나님 안에서 한 식구가 된 성도들과 성경이나 교회사에 나타난 영적인 조상들의 이야기를 통해서 힘을 얻고 자신의 존재를 확인하게 된다. 하나님께서는 그러한 인물들의 영적인 계보와 육체적인 혈통을 성경에 자세하게 기록해놓을 정도로 면면히 이어지는 흐름을 중요하게 생각하셨던 것이 틀림없다. 뿌리는 그만큼 중요하다.

자신의 뿌리를 찾아본다는 것은 보람있고 황홀한 경험이 될 수 있다. 모든 조사는 지금 같이 사는 식구들 하나하나에 대해 자세히 알아보는 데서 출발해야 한다. 그리고 여기서 얻은 자질구레한 사항들을 기록해두는 것은 조사가 더 진전되어감에 따라 애쓴 것 이상의 도움을 줄 것이다.

「뿌리(Roots)」를 쓴 알렉스 헤일리(Alex Haley)는 1977년 9월 「부모(Parents)」지에 기고한 글에서 그 과정을 이렇게 설명하고 있다.

"이것을 구체적으로 말하자면 헛간 한 구석에서 낡아빠진 가방을 끄집어내는 한편 오래된 사진이나 의복, 일기 따위가 있는 곳이면 어디나 뒤져서 소중한 보물들을 찾아내고 그것들을 아이들과 함께 나눈다는 뜻이다. 옛날에는 그 물건들을 어떻게 썼는지, 무슨 일들을 했었으며 어떤 재미있는 놀이가 있었는지, 또 어떤 옷을 입었었는지 이야기해주라. 가족 가운데 할아버지 할머니나 증조 할아버지 할머니가 생존해 있으면 먼 옛날 그분들이 어렸을 적 이야기를 (증)손자 손녀들에게 해달라고 간곡하게 청하라… 아이들은 자신을 생각해보고 정체감을 가질 수 있는 삶을 재창출하기 위해서 그런 종류의 이야기를 목타게 기다리고 있다.

□ 가족의 뿌리 찾기를 시작하기 전에 두꺼운 바인더 노트를 준비하라. 그리고 가능한 한 많은 친척들을 찾아가서 이야기를 들으라. 옛날 사진, 신문철, 유물 따위를 찾아낼 수 있는 대로 모조리 수집하라. 모든 것을 노트에 기록하라.

□ 우선 부모 자신을 포함하여 모든 식구들로 하여금 스스로에 대한 글을 한 편씩 써내게 하는 일부터 시작하라. 아주 어린아이들에게선 구술을 받으라. 먼 훗날 손자 손녀에게 편지를 쓰는 자신의 모습을 상상하라. 다음에 제시한 범주에 드는 사항들을 편지 속에 적절하게 배치하라.

1. **어린 시절** 가장 오래된 추억을 이야기하라. 좋아했던 애완 동물, 아끼던 장난감, 자주 가던 자리, 친구들에 대해 쓰라. 식구들과 집안에서 유지되던 전통, 가족 행사 따위를 자세하게 묘사하라.
2. **가정** 태어나서 여태까지 살았던 곳과 잘 알고 지내던 이웃 사람들을 쭉 적어보라. 집과 마당이 어떻게 생겼었는지, 어떤 사람들이 이웃에 살았었는지 이야기하고 동네에 관해서도 짧게 언급하라.
3. **학교** 학창 시절, 깊은 영향을 주었던 교사를 비롯해서 가장 즐거웠던 추억과 가장 괴로웠던 기억을 하나씩 써보라. 제일 잘했던 과목과 늘 낙제를 면치 못하던 과목은 어떤 것들이었는가? 특별 활동으로는 무엇을 선택했었는가? 상장이나 장학금을 받은 적이 있는가?
4. **결혼과 새 가정** 배우자를 어떻게 만나게 되었는지, 구혼할 때는 어땠으며 결혼식은 또 어떠했는지에 대해 말하라. 배우자의 어떤 성품에 마음이 끌렸는지 고백하라. 그리고 이제 자녀들에 관해서 이야기하라. 아이의 생일, 특별히 기억해야 할 어린 시절의 추억, 아이를 기르면서 부모가 겪었던 애환 등 자녀를 둘러싸고 일어났던 사건 등을 시시콜콜 모두 말해주라.
5. **직장 생활** 군대 생활을 포함해서 자신이 경험한 직업 훈련이나 직장 생활을 일목 요연하게 정리하라. 일을 잘 해내서 상을 받은 기억이 있

으면 덧붙이라. 직업 선택은 어떻게 했으며 진로를 바꾸었다면 그 까닭은 무엇인지 설명하라.

6. **인성** 자신과 자신의 생활 방법들에 관하여 이야기하라. 포부와 감정, 가장 긴박감을 느꼈던 순간, 소망, 실망, 실패 따위를 말하라.

7. **교우 관계와 사회 생활 및 여가 활용** 어떤 친구가 가장 깊게 남아있는지에 대하여 말하라. 휴가는 어떻게 보내는지, 취미, 독서를 비롯해서 여러 가지 여가 활용 방법 등에 대해서도 언급하라.

8. **종교와 인생 철학** 부모는 자신이 삶의 가치와 인생의 의미를 어떻게 결론짓고 있는지 아이에게 설명하라. 영적으로 자신의 뿌리가 어디에 있는지와 어떤 요소들이 사고의 토대를 이루는지와 지금 속해 있는 교회 공동체에 대해 이야기하라.

9. **건강** 자신의 외모와 중요한 질병, 특히 유전적인 질병을 알려주라. 무엇을 먹으며 어떤 운동을 하는지 적으라.

10. **공적인 활동** 현재 어떤 민간 단체나 조직들에 소속되어 있는지, 무슨 공직을 가지고 있는지, 얼마나 자주 뉴스에 등장하는지 열거하라.

11. **수입원** 통상적인 한 달 예산과 수입 증감 추세 및 여신 규모의 변동 추이를 기록하라.

여러 제안들과 서식, 도표 따위가 실린 몇 가지 책들에서 도움을 받을 수 있을 것이다. 윌리엄 조단 3세(William R. Jordan Ⅲ)가 쓴 「계통수(Your Family Tree)」라는 책이 추천할 만하다.

▫ 관심이 커지는 데 발맞추어 사진들을 더 많이 모으고 친척들이 구술

하는 역사를 녹음기로 채록해보라. 이런 일들을 해나가는 과정에서 부모는 아이들에게 심어주었으면 좋겠다 싶은 가치 기준에 큰 보탬이 되는 전통이나 성격적인 장점들에 특별히 신경을 쓰라. 선조들 가운데 한 사람이 믿음과 용기의 사람이거나 어려운 일을 해낸 사람이라는 사실은 아이들로 하여금 집안의 전통을 따르는 데 대한 자부심을 갖게 해줄 것이다.

□추적이 가능한 선조들의 사진을 틀에 끼워 걸어놓음으로써 집에 '가족사 전시실'을 만들라. 특히 어린아이들에게는 사진에 있는 그 인물들이 어떤 사람들이며 이들에 관해서 기억해야 할 점은 무엇인지 자주 설명해주라.

□조사 노트가 두꺼워지면 아이들이 보관하고 있다가 장차 자신의 가정을 이루었을 때 계속 기록해 나갈 수 있도록 사본을 만들어주라. 할아버지, 할머니, 증조부모, 그 할아버지, 할머니들이 지켜온 일들 가운데서 보존하고 싶은 일들을 꾸준히 지켜나가는 일에 신경을 쓰라. 그렇게 하면 뒷날 손자 손녀들의 사랑을 받을 수 있게 될 것이다. 뭐니뭐니해도 당신은 그들의 뿌리가 아닌가!

34
아이의 비밀을 지켜주라

 자녀의 프라이버시를 지켜준다는 것은 아이의 모든 생각과 행동을 파악하고자 하는 부모의 '알 권리'를 포기한다는 뜻이다. 부모들 입장에서는 이것이 좀 겁나는 일일 수도 있다. 그러나 사생활을 침해받지 않을 권리는 아이가 반드시 가져야 할 중요한 가치 기준에 들어간다. 이 권리는 아이의 자신감과 긍지를 결정적으로 확정지어준다. 그러므로 아이를 건강하게 키우기 위해서는 다음 네 가지 범주에서 사생활을 존중해주고 다루어야 한다.

1. 개인적인 공간과 소유물 자기만의 방, 책상 서랍, 개인용 선반, 상자, 일기 따위를 가지며 마찬가지로 다른 사람의 소유물과 공간을 침해하지 않음.

2. 신체적인 분리 다른 사람과 떨어져 있을 때 편안함을 느끼는 경우 외로움을 느끼지 않으면서 혼자 있는 기술.

3. 정신적인 홀로 서기 특별히 저만의 사고와 감정을 가지고 혼자 즐거워 함.

4. 신체적인 비밀 자기 몸에 대한 프라이버시.

▢프라이버시에 대한 기초 학습은 '네 것'과 '내 것'을 가리는 일에서 시작하라. 일반적으로 학교에 들어가지 않은 아이들의 경우, 장난감과 침대 문제에서 프라이버시의 개념과 마주치게 된다. 안타깝게도 부모들이 함께 나누어 쓰는 법을 가르친답시고 아이들에게 프라이버시를 포기하도록 강요하는 경우를 흔히 볼 수 있다. 이 단계에서는 오히려 다른 아이들과 같이 가지고 놀 수 없는 두세 가지 특정한 장난감들을 치워버리는 것이 좋다.

▢초등학교에 들어갈 나이가 되면 자기 사생활을 보호받고 싶은 욕구와 아울러 다른 사람의 프라이버시를 지켜주려는 욕구가 커진다. 비밀을 지키는 법을 배우는 것도 성장 단계 가운데 하나이다. 다른 가족들이 저마다 가지고 있는 고유한 물건, 시간, 공간 따위를 존중해주는 것도 배워야 한다. 이것은 형제들이 방을 같이 쓰는 경우에 특히 중요하다. 신체적인 정숙함에 대해 가르쳐야 하는 것은 물론이다.

▢이 시기에는 다른 사람의 프라이버시를 침해하는 행위를 거짓말이나 도둑질에 버금갈 만큼 철저하게 징계해야 한다. 9~10세가 되어서 추상적인 사고를 할 수 있게 되면 남의 사생활을 훔쳐 보는 것은 그 사람의 물건을 훔치는 것이나 다름 없다는 사실을 설명해주라.

어렸을 때는 소유물에 대한 프라이버시에 초점을 두게 되지만, 나이가 들어가면서 점차 생각이나 희망, 부모나 친구 또는 하나님과 나눈 대화에 대한 프라이버시에 강조점이 주어진다. 아이가 프라이버시를 지키고 즐기는 동기는 이런 식으로 점점 확대되어간다.

사춘기에는 아이의 세계를 깊숙히 공유하려는 부모의 지속적인 열망과 부모와 일정한 거리를 두려는 아이의 욕구, 즉 사고와 감정 및 활동에서 더 많은 프라이버시를 간직하려는 자녀의 욕구 사이에 절묘한 균형이 이루어져야 한다. 전부터 지속적으로 탄탄한 관계를 유지해오지 못한 경우, 이 시기에는 무척 많은 어려움이 뒤따르지만 다음과 같은 몇 가지 중요한 지침들을 참고할 수 있다.

▫ 부모는 십대 자녀를 연구하는 학생이 되어야 한다. 아이들이 자발적으로 이야기를 꺼낼 만한 실마리를 찾으라. 그런 실마리를 사용하면 입을 열도록 꼬치꼬치 캐묻거나 압력을 가하는 것보다 더 건전하게 접근할 수 있다.

▫ 부모 스스로가 다음과 같은 태도를 보임으로써 사생활을 침해받지 않을 권리를 보장하기 위해서 얼마나 애를 쓰고 있는지 아이들에게 보여줄 수 있다. 아이 방의 문을 열기 전에 반드시 노크를 하라. 아이의 책이나 다른 물건을 빌리려거든 먼저 허락을 받으라. 아이의 편지를 뜯어보아서는 안된다. 자녀의 책상이나 옷장을 뒤져보지 말라. 아이가 혼자 보는 잡지를 훔쳐보지 말라. 사실 이런 일들은 다른 성인들에게까지 확대 적용해야 할 예절이며, 동시에 자신에 대해서도 같은 대접을 해주도록 요구해야 할 태도이기도 하다. 이런 태도를 보임으로써 아이의 마음문을 여는 것이 힘으로 때려부수고 들어가는 것보다 훨씬 효과적이다.

▫ 식구들 가운데 프라이버시를 침해당한 경우가 생겼다든지 뉴스에서 누군가의 사생활이 폭로된 경우, 아이들과 함께 그 사건에 대해 이야기를

나누라. "다른 사람의 프라이버시를 침해한 사람은 그럴 만한 권리를 가지고 있었을까?" 또는 "다른 사람의 사생활을 침해하는 것이 왜 나쁜 걸까?" 따위의 질문으로 말문을 열면 아이로 하여금 그 문제들에 대해 철저하게 생각해보고 호기심을 채울 것인지 아니면 프라이버시를 존중할 것인지 결단을 내릴 수 있도록 도와줄 것이다.

□사생활을 보호받을 권리는 헌법에도 보장되어 있음을 아이들에게 알려주라. 백과 사전에서 이 항목을 찾아 아이와 함께 읽고 토론해보라. 현대 컴퓨터 기술이 빚어낼 수도 있는 정보의 음성적인 사용과 남용에 대하여 의견을 나누라. 한 사람의 신용도가 담긴 자료들이나 개인적인 정보들이 담긴 자료들에 대해 이야기해주고 이러한 자료들이 어느 정도까지 일반에게 공개되어야 하는가 하는 문제를 놓고 토론해보라.

□십대 자녀가 독자적인 관점을 가질 수 있도록 보장해주라. 사람은 누구나 다른 사람들과 어울려 살아갈 수밖에 없으며 최소한 몇몇 사람과만이라도 친분 관계를 유지하는 것이 심리적으로나 영적으로나 건전하다는 사실을 지적하라. 프라이버시는 '독불 장군' 식 태도의 소산이 아니다. 다른 사람들이 자신의 정신적·감정적 울타리를 넘어들어오는 것을 받아들이는 일에 신경을 쓰라.

□하나님과 친밀한 것 또한 중요하다. 하나님께서는 사람이 무슨 마음을 먹기도 전에 그 생각을 다 아신다(시 139). 그만큼 하나님께서는 우리에 대해서 모르시는 게 없지만, 사람의 자유 의지를 존중하시며 설령 우리가 그분을 거역하는 결정을 내릴지라도 그리하신다.

정보가 걷잡을 수 없이 퍼져나가고 정보의 남용을 완전하게 제한한다는 것이 불가능한 현대 사회에서 프라이버시에 대해 균형 잡힌 시각을 가지고 있다는 것은 성격상의 중요한 장점이 아닐 수 없다. 다른 가치 기준의 경우도 그렇지만 프라이버시에 있어서도 사생활이 잘 보장되는 가정이 가장 좋은 교육이 이루어지는 장소가 된다.

35

아이의 마음에 용기를 불어넣으라

 요즘 애들에게는 애석한 특성이 하나 있다. 삶의 주변부에 머물면서 그 본질에 다가가는 모험을 당최 하려들지 않는다는 것이다. 대부분의 부모들도 별로 나을 게 없다. 니콜라이 베르디예프(Nikolai Berdyaev)는 "멋진 삶이라고 할 때 흔히들 단조롭고 지루하며 일상적인 삶을 생각한다. 가장 큰 문제는 삶을 뜨겁고 창의적이며, 영적인 갈등을 헤쳐나가게 만드는 것이다"라고 말한 바 있다. 한마디로 말해서 용기가 필요하다는 것이다.

만일 용기가 깊은 단계까지 삶 속에 들어가본 결과 얻게 되는 것이라면 왜 용기를 내기가 그렇게 어렵다는 말인가? 아마 용기가 무엇인지 정의하기가 쉽지 않기 때문일 것이다. 영어에서 용기(courage)라는 말은 심장을 뜻하는 중세 영어 'corage'와 프랑스어 'cuer'에서 왔다. 심장이 피를 펌프질해서 팔 다리와 머리에 보내줌으로써 몸에 생명을 불어넣는 것처럼 용기도 모든 분야에서 삶을 실속있게 하고 활력을 준다.

어떻게 하면 아이들에게 용기를 줄 수 있을까? 교실에서 배워야 하는가 아니면 비타민처럼 하루에 한 알씩 먹어야 하는 것인가? 물론 그럴 수는 없다. 다른 가치 기준들과 마찬가지로 용기도 본보기를 보고 따라 배워야 한다. 여기에 용기를 심어주는 몇 가지 방법들이 있다.

□ 우선 아이들은(어른들도 마찬가지다) 두려움이란 전혀 망신스러운 경험이 아니며 모든 사람이 순간 순간 겪고 있는 일상적인 감정에 지나지 않는다는 사실을 깨달아야 한다. 용기란 두려움이 전혀 없다는 뜻이 아니라 두려움에도 불구하고 행동한다는 뜻이다. 용기 있는 사람과 비겁한 사람의 차이는 위험을 보고 마주 싸우느냐 아니면 도망가느냐에 달려 있다.

□ 아이가 특별히 두려워하는 일을 처리하는 데서부터 용기를 가르치기 시작하라. 어린아이들은 어두움이나 동물들, 이상한 소리, 혼자 떨어져 있다는 느낌이나 낯선 사람들을 무서워할 수 있다. 조금 나이가 든 아이들은 또래들의 따돌림, 실패, 상실감을 두려워하며 최근 조사된 바에 따르면 핵폭발로 인한 집단 학살도 무서워한다고 한다.

□ 아이가 무서워하는 것이 무엇인지 명확하게 규정하는 것이 용감하게 그 두려움과 맞서는 첫걸음이 된다. 부모는 아이가 컴컴한 방에 혼자 들어가기를 꺼리는지, 친구들이 나를 어떻게 생각할까에 대해 지나치게 걱정하는지, 친구의 엄마 아빠가 이혼한 이야기를 자주 꺼내지나 않는지 잘 관찰한 다음 그 이면에 숨겨진 두려움의 원인을 끄집어내는 질문을 던짐으로써 아이가 공포의 정체를 분명하게 깨달을 수 있도록 도와주어야 한다.

□ 개나 어두움을 무서워하는 경우처럼 두려움의 대상이 물질적인 것이라면 아이와 함께 그 대상에게 다가가라. 그러나 하고자 하지 않는 아이를 억지로 끌고 들어가지는 말라. 아이에게 '겁보'나 '놀란 토끼' 따위의 별명을 붙여주는 것은 일을 더 어렵게 만들 뿐이다. 아이가 공포의 대

상에 점진적으로 접근할 수 있도록 시간을 주라. 그 기간은 몇 일일 수도 있고 필요하다면 몇 주간이 될 수도 있다. 아이가 조금이라도 진전을 보이면 칭찬을 아끼지 말라.

▫ 아이가 두려워하는 대상이 가까운 사람이 세상을 떠날까봐 겁내는 경우처럼 막연한 것이라면 부모는 아이가 무서워하고 있는 사건이나 상황이 실제로 일어날 수도 있다는 사실을 부인하지 말고 그 일에 대하여 아주 현실적으로 이야기해주라. 아이는 부모가 무슨 말을 해서 달래더라도 그런 일들이 실제로 일어날지도 모른다는 사실을 잘 알고 있다. 부모가 그런 일이 일어날 가능성이 별로 없다고 말해줄 수는 있지만 그 경우에는 아이와 가족들이 그 두려움을 어떻게 극복할지 토의해보는 것이 필요하다.

▫ 여기서 부모가 하나님의 사랑을 얼마나 신뢰하고 있느냐가 중요하다. 부모는 자신이 절대자의 보호 아래 있음을 굳게 믿기 때문에 무슨 일이 생기든 미래와 당당하게 맞설 수 있다는 자신감을 아이들에게 보여줄 필요가 있다. 어느 모로 보아도 한치 앞을 내다볼 수 없는 험악한 세상에서 살고 있지만, 하나님께서 어떤 환경에서도 '대적들' 보다 강하게 하시겠다고 약속하셨으므로 우리는 용기를 가질 수 있다.

▫ 아이가 어떤 특별한 두려움에 맞설 수 있도록 도와주는 것도 중요하지만, 도전자의 위치에 서는 능력을 키워주는 것도 필요하다. 용기는 모험과 실패의 가능성이 공존하는 상황을 겪으면서 깊어지는 것이다.

제대로 통제할 수만 있다면 육체적인 위기 상황은 용기를 키워주는 가장 좋은 방법 가운데 하나이다. 사람의 신체적인 한계에 보다 빨리 끌어올려주기 때문이다. 팔굽혀 펴기를 처음 해보는 사람이라면 과연 몇 번이나 할 수 있겠는가? 물론 감정적·정신적 한계를 끌어올리는 데는 훨씬 더 많은 시간이 소요된다.

□ 아이에게 권투 장갑을 끼워주고 시합을 시켜보라. 몇 초도 안돼서 코에 일격을 당하고 나면 용기에 관해서 할 말이 생길 것이다. 마라톤의 전 구간을 뛰면 가장 갖고 싶은 것을 사주겠다고 제안해보면 아이가 자신의 신체적인 한계에 도전하는 힘을 측정할 수 있다. 이 일들을 해내기 위해서 무엇을 해야 할지, 또는 왜 실패하게 되었는지에 대하여 토의하라.

□ 자녀가 어느 정도 자라면 어느 토요일 오전을 택해서 아이의 공부에 동참하라. 배우자에게 부탁해서 집에서 수십 킬로미터쯤 떨어진 곳에 돈 한푼 없이 내리게 하라. 해가 지기 전에 집에 돌아오는 것이 과제이다. 이렇게 의도된 위기 상황은 실제적인 용기에 대해 대화를 나눌 수 있는 충분한 시간을 제공해줄 것이다.

□ 저녁 식사를 하면서 행동을 통해 자신의 용기를 나타낸 사람에 대한 신문 기사 내용에 관해 대화를 나누는 것도 같은 경험을 갖게 해준다.

이렇게 질문해보라. "네가 그런 상황에 있었다면 어떻게 했겠니?"
"과감하게 모험을 해보았지만 실패를 한 경우, 어떤 느낌이 들까?"
"여태까지 해본 일 가운데 무슨 일이 제일 힘들었니?"
"내가 네게 요구할 수 있는 가장 큰 도전은 어떤 것이지?"

부모와 자녀는 몇 가지 영역에서 자신들의 용기를 펼쳐 보일 기회를 가질 수 있다. 그 가운데 중요한 것 세 가지를 골라보면 다음과 같다.

1. **결정** 아이가 커서 장차 어떤 사람이 되느냐는 어떤 선택을 하느냐

에 따라 크게 달라진다. 어려운 결정을 내리고 지켜나가는 데는 한결같이 용기가 필요하다. 우리 시대의 혼란과 유혹, 갈등 속에서 무엇이 옳으냐를 선택하는 일은 특별한 용기를 필요로 한다.

2. **헌신** 필요하다면 혼자서라도 자리를 지키는 '홀로 서기'에도 용기가 필요하다. 이러한 경우는 옳고 그름을 가릴 때뿐만 아니라 자신의 독특성을 유지하려고 할 때에도 생긴다. 또래들의 압력이 강할 때는 특히 견디기가 힘들다. 사실 어릴 적에 자신이 진정 누구냐를 가리는 과정에서 형성된 용기는 모든 다른 형태의 용기에 토대가 된다.

3. **행동으로 옮김** 롤로 메이(Rollo May)는 「창조를 위한 용기(The Courage to Create)」라는 책에서 "우리 시대에 가장 흔한 겁장이의 모습은 '난 그런 일에 끼어들기 싫어'라는 말 속에 숨어 있다"고 말한 바 있다. 비록 우리가 무관심의 세대에 살고 있지만 우리 아이들은 주위의 필요에 과감하게 뛰어들어가는 용기를 갖게 될 것이다.

몇 년 전, 어느 잡지에서 십대 청소년들을 대상으로 조사한 바에 따르면 대부분의 응답자들이 실패의 위험이 큰 모험에 뛰어드는 것보다는 미미한 성공에 안주하겠다는 반응을 보였다고 한다. 우리 자녀가 그런 사람들 틈에 끼이지 않기를 바랄 뿐이다.

36
예술적인 감각을 일깨우라

예술은 그저 돈 많은 사람들의 여가 활동에 지나지 않는가? 우리 문화가 과학 기술에 지나치게 기울어져 있는 것을 볼 때 그런 결론이 마음에 떠오를지도 모른다. 그러나 역사는 이 질문에 대하여 분명하게 "노(No)"라고 대답한다. 다른 사람들이 이루어놓은 업적들 가운데 우리가 소중하게 여기는 것은 대부분 그들의 음악, 그림, 조각, 건축, 그리고 문학을 통해서 전달된 것들이다. 예술은 마음의 창이고 우리가 창조주 하나님의 형상에 따라 지음받았다는 상징이 된다. 단지 이런 이유들만으로도 우리 아이들이 균형잡힌 완전한 사람들이 되도록, 예술에 대한 식견을 키워주는 것이 필요하다는 것은 틀림없는 사실이다.

부모가 예술 작품에서 어떤 감동을 받았는지 그저 이야기하는 차원을 넘어서 아이들에게 작품의 양식과 수단을 알려주는 것이 중요하기는 하지만, 자녀들이 예술을 사랑하도록 돕기 위해서 전문가가 될 필요까지는 없다. 정기적으로 예술 작품에 접하고 실기(實技) 경험을 갖는 것이 필수 요소가 된다. 그 과정에서 가족 간의 활동에 커다란 재미를 보태게 될 것이다. 예술 작품에 접할 때 다음 사항들을 고려하라.

□지금 살고 있는 지역에 어떠한 문화적인 자원들이 있는지 조사해보라. 대부분의 지역 사회에는 지방 극단, 무용단, 관현악단, 화랑, 박물관, 예술인 조직, 연례 축제 행사 따위가 있기 마련이다. 그 지역에 있는 학교나 지방 대학도 대단히 훌륭한 문화적인 자원일 수 있다. 언제나 신문을 보면서 각급 학교 주최로 금명간 열리게 되는 행사에 대한 기사가 있나 살펴보라. 그런 행사들은 운동 경기를 보러가는 것보다 값이 싸게 먹히며 무료로 공개되는 경우도 있다.

□온 가족이 함께 한 달에 한두 번씩 전시회나 공연을 관람하러 가도록 하라. 그렇지 않으면 아이를 한 명씩 데리고 나가서 영원히 잊지 못할 '데이트'를 하라. 둘이 다니면서 보고 들은 것들에 대하여 끝까지 대화를 나누라. 식구 중에서 누구를 제일 좋아하며, 그 까닭은 무엇인지 물어보고 부모의 의견을 이야기해주라. 어떤 노래나 음악이 크게 유행하면 그 곡이 수록된 음반이나 테이프가 있는 곳을 알아다가 생일 선물이나 크리스마스 선물로 사주라. 포스터나 어느 작가의 화집에서 찾아낸 볼 만한 그림은 액자 속에 넣어두면 좋을 것이다.

□한 지방에서 활동하는 상업적인 실내악단이나 예술가라는 이름으로 행세하는 사람들의 조직에는 어떤 것들이 있는지 알아보라. 음악가나 화가, 또는 조각가들이 자기 작업실에서 연습을 하거나 작업을 하는 동안 찾아가보라. 예술가들 가운데 대부분은 관심을 가지고 찾아온 꼬마 손님들과 자기 전문 분야에 대해 간단한 이야기를 나누는 것을 기쁘게 생각할 것이며 찾아간 쪽에서도 예술가들의 대접에 즐거움을 느끼게 될 것이다. 또 아이들은 이런 방문을 통해서 흥미를 갖고 달란트를 개발하기 시작할 수 있다. 실제로 예술과 접했던 경험의 폭에 따라 아이가 어느 분야에 가

장 큰 관심을 가지고 있느냐를 조기에 발견할 수 있게 된다.

아이들에게 경험의 폭을 넓혀주기 위해서 다음과 같은 일들을 해보라.

ㅁ아이가 직접 예술 작품을 만들어보도록 간단한 악기나 수채화 물감과 커다란 붓 따위의 재료들을 마련해주라. 아이들이 창조해낸 '걸작'을 칭찬해준 다음 가족 게시판에 붙여놓거나 탁자 유리 밑에 끼우든지 투명한 밀착 수지로 싸서 식탁 근처에 걸어놓으라.

탁자 위나 정원수 아래에다 비닐을 한 장 깔아주고 아이들이 진흙을 가지고 무언가를 빚을 수 있게 해주라. 그릇 굽는 가마를 물색할 수 있으면 아이에게 고령토(도자기용 진흙-역자 주)를 사용하게 하고 가장 잘 된 작품은 불에 구워서 책꽂이 위에 올려놓으라.

ㅁ웬만큼 나이가 든 아이들에게는 사물을 관찰하고 그리는 기술을 사용하고 개발하도록 용기를 북돋아주라. 아이들과 함께 공원이나 백화점에 가서 조각 작품이나 분수, 벽화 따위를 자세히 관찰하라. 아이가 비록 예술가는 아닐지라도 제법 전문적인 지식을 갖추었으면 베티 에드워즈(Betty Edwards)가 쓴 「오른쪽 뇌로 그리기(Drawing on the Right Side of the Brain)」라는 책을 하나 구해다 주라. 이 책의 저자는 놀라운 기술을 써서 모든 사람들에게 그림 그리기를 가르치는 방법을 개발해낸 미술 선생이다. 부모 스스로가 이 새로운 기술을 배우고 싶어질 수도 있다.

ㅁ아이들이 학과 과정 속에 들어 있는 미술, 음악, 작문 수업을 잘 받도록 격려해주는 것은 말할 것도 없고 문학, 연극, 음악 또는 다른 예술적

인 특별 활동에도 적극적으로 참여하도록 뒤를 밀어주라.

▢ 부모는 가끔 아이를 따라서 예능 과목 수업을 받아보거나 악기 연주하는 법을 배우라. 부모가 그처럼 뒷받침해주고 격려해주는데 자극을 받지 않을 아이가 어디에 있겠는가? 이런 식으로 관계를 맺어가는 데는 돈 한 푼 들지 않는다.

▢ 가정을 예술 작품 감상실로 만들라. 온 가족이 종종 같이 모여서 시, 희곡, 단편 소설 등 각 쟝르의 고전 문학 작품을 읽으라. 위대한 미술가와 조각가의 작품들을 모사한 값싼 복제품이나 축소 모형들로 집안을 장식하라. 식구들이 함께 감상할 만한 클래식 음반을 사는 데 투자하라. 학교에서 문학이나 미술·음악을 가르치는 교사들로부터 추천을 받으라. 가끔 지역 도서관에 가서 음반이나 액자에 든 미술품을 대출받으라. 식구들과 함께 공부할 수 있도록 미술, 음악, 문학 분야의 고전적인 작품들과 입문서들을 훑어보라. 누구나 한 번쯤 살펴보기 좋게 만든 책들(특히 전면이 칼라로 정교하게 인쇄된)을 장만하라.

▢ 연극, 음악회, 또는 다른 특별 공연을 방송해주는 텔레비전 프로그램이 없는지 주의 깊게 살펴보라. 공영 텔레비전에서는 이런 프로그램을 자주 내보낸다. 가족들이 함께 그런 프로그램을 시청하고 방송이 끝난 뒤에는 '가족 비평회'를 열어보라.

▢ 매년 모사품이 아닌 작가의 원작 그림, 조각, 스테인드 글라스 따위를 몇 점 구입하기 위해 식구들끼리 조금씩 돈을 내서 가족 기금을 만들기 시작하라. 이런 행사는 가족들의 관심을 예술 작품 감상으로 모을 수 있게 만들어준다.

▢ 그게 무엇이 되었든지 부모는 아이에게 한 번 어떤 메시지를 전달했

으면 반드시 스스로 그 말의 모범이 되어야 한다. 아이들을 예술의 세계로 끌어당기기 전에 부모는 자신이 예술의 가치를 얼마나 존중하는지 분명하게 보여주어야 한다. 그렇지 않으면 최근 들어서 예술에 흥미를 느끼게 되었다는 사실을 솔직하게 인정하고 아이와 함께 하나씩 배워가는 것도 좋다.

위에서 나열한 방법들 하나 하나에 담긴 메시지는 아주 분명하다. 즉, 우리는 가정 생활을 통해서 하나님께서 우리 각 사람에게 주신 모든 능력(여기에는 예술에 대한 재능도 포함된다)을 향유하고 즐길 수 있는 전인(全人)이 되었으면 좋겠다는 것이다. 가정에서 예술 작품을 감상하는 것은 결코 시간 낭비가 아니다.

37
건강한 삶에 대한 필요를 일깨우라

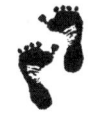 요즘 좀처럼 보기 드문 기현상이 일어나고 있다. 운동과 영양에 대한 관심이 그 어느 때보다도 높아진 반면 길 모퉁이 음식점이나 식료품점 냉장고에서 인스턴트 음식이 차지하는 비중이 날로 늘어나고 있는 것이다. 다이어트 식품이나 이른바 '체형 관리 사업'이 번창하고 있는 것은 사람들이 건강을 유지하는 기본 원칙을 전혀 지키고 있지 않기 때문이다.

보통 적절하게 음식물을 섭취하고 알맞는 운동을 하는 생활 방식은 가정에서 시작된다. 그러므로 식사와 운동을 잘 조절하는 것은 부모 몫으로 돌아오기 마련이다. 대부분의 아이들이 학교에서 4대 영양소, 운동, 휴식 등에 대해서 배우기는 하지만, 날마다 설탕이 잔뜩 들어간 과자류, 빵, 청량 음료, 사탕 따위를 선전하는 대중 매체의 지속적인 집중 포화에 밀려나고 있다.

여기에 대한 완벽한 대책은 될 수 없겠지만, 아이들이 자연스럽게 좋은 음식과 운동을 즐기게 하는 몇 가지 방법이 있다.

□ 집에서 당분이 차지하고 있는 자리를 평가해보는 데서부터 시작하

라. 후식이나 간식으로 당도가 높은 음식을 먹고 있지는 않은가? 사온 것은 어차피 먹게 된다는 사실을 명심하라. 균형잡힌 영양은 슈퍼마켓 손수레에서부터 시작된다.

□ 아이들은 스낵류나 점심 도시락에서 적정치를 훨씬 초과하는 당분을 섭취하게 되므로 건강을 위해서 땅콩, 건포도, 말린 과일, 신선한 과일과 쥬스, 향료를 넣은 식품, 팝콘 등 적정한 당도를 가진 음식물들을 선택하도록 심사 숙고할 필요가 있다. 오렌지 쥬스 한 컵과 1/4 컵, 바닐라 향 작은 술 하나, 벌꿀 큰 술 하나, 얼음 여섯 조각, 적당한 양의 계란을 섞으면 아주 훌륭한 과일 음료를 만들 수 있다.

□ 아이들에게 상을 주거나 생일 축하용으로, 설탕으로 만든 선물을 주는 습관도 다시 검토해보아야 할 필요가 있다. 가끔 있는 명절 행사나 생일 잔치 때 설탕을 쓰는 것은 전혀 이상할 게 없다. 그러나 아이가 착한 일을 할 때마다 사탕이나 다른 설탕 제품을 상으로 준다면 결국 당분 섭취가 지나치게 높아져서 건강을 해치게 된다.

□ 법률에 따라 식품에 표시해놓은 성분 분석표를 한 번 살펴봄으로써 설탕에 대한 인식을 획기적으로 높일 수 있다. 식품의 성분은 총량에 대한 첨가물의 백분율로 나타내는데, 보통 가장 많이 함유된 성분이 처음에 나오게 된다. 그러므로 성분 분석표에서 설탕이 3위 이내에 들어 있는 상품은 될수 있는 대로 멀리하라.

□ 두 말할 필요도 없지만 과도한 당분 섭취말고도 현대인의 비만에는 여러 원인이 있다. 수없이 많은 튀긴 음식과 천연 섬유가 부족한 음식은 물론 지나친 염분 섭취도 문제가 된다. 적절한 영양 섭취의 기초를 다룬 여러 관계 서적들을 보면 도움을 받을 수 있다. 빅키 랜스키(Vicki

Lansky)가 쓴 「사탕 유령 길들이기(The Taming of the C.A.N.D.Y. Monster)」라는 책은 영양가 있는 스낵과 점심 도시락을 장만할 수 있도록 풍부한 아이디어와 구체적인 식단을 제시하고 있다. 'C.A.N.D.Y.'는 쉴새없이 선전을 해대는 식품, 입에서는 달지만 영양가는 없는(Continuously Advertised Nutritionally Deficient Yummies)의 영어 약자이다. 또 이본 베이커(Yvonne Baker)가 쓴 「하나님의 가게에서 사 온 음식(From God's Natural Storehouse)」과 「죄 없는 식사(Guilt-Free Snacking)」도 풍부한 영양 정보와 건전한 조리법을 담고 있다.

그러나 바른 영양 섭취란 핵심의 절반에 불과하다. 적절한 운동은 영양 섭취만큼 중요하다. 대부분의 아이들한테는 새삼스럽게 나가서 뛰어놀라는 이야기를 할 필요가 없지만 비만 아동에 대한 최근의 연구 조사에 따르면 거개의 경우 비만의 원인은 운동 부족과 밀접한 관계가 있다고 한다. 아이가 점점 자랄수록 적정 수준의 신체 조건을 갖추도록 격려해주어야 한다. 다음에 나오는 내용은 대단히 중요해서 부모라면 꼭 한 번 읽어 보아야 한다.

▫ 아이들에게 가족들이 모여서 힘든 일을 씩씩하게 해냈다든지 열심히 운동을 했다든지 하는 추억을 만들어주라. 식구들이 다함께 걷기 운동을 한다든가 자전거 타기나 조깅을 나가라. 적응력을 키우기 위해서 맥박 수가 빨라지는 운동을 하라. 케네스(Kenneth)박사의 명저 「전신 운동을 위한 에어로빅(Aerobics Program for Total Well-Being)」을 읽어보라. 에어로빅을 하는 가족을 다룬 부분을 자세히 읽으라.

▫ 부모 스스로 학교에서 가르치는 체육 프로그램에 자신을 맞추라. 학

교 체육 프로그램은 여러 종류의 기술과 운동들의 특색을 연결한 구조를 가지고 있다. 이것을 가정에 적용하고 아이를 지도자로 세워보라.

□ 어린 자녀로 하여금 개인 종목과 단체 경기에 참여하도록 격려하라. 승리에 집착하는 것이 아니라 최선을 다하는 마음 자세에 초점을 맞추라. 적당한 때를 잡아서 아이에게 스포츠에 대해서 가르쳐주라. 아이를 여름 레크레이션 캠프에 보내서 좋은 것들을 배우고 자극을 받을 수 있게 하라.

□ 키가 작은 아이에게는 아빠와 함께 마루 바닥을 뒹굴며 씨름을 해볼 마음이 생기도록 용기를 불어넣으라. 베티 메이(Betty May)가 쓴 「간지럼, 같이 눕기, 뽀뽀, 안아주기(Tickle, Snug, Kiss, Hug)」에는 부모와 자녀가 함께 즐길 수 있는 운동과 게임이 가득 들어 있다.

□ 적당한 휴식이 건강에 매우 중요하다는 사실을 간과하지 말라. 아이들에게 다음 날 아침 일찍 일어나야 하는데 밤 늦게까지 잠자리에 들지 않으면 어떤 결과가 오는지 알려주라. 아이가 다음 날 학교에 가기 위해서 꼭 제 시간에 자러 가도록 도와주라.

□ 날씨에 따라서 적당한 옷을 골라 입어야 하는 까닭에 대하여 같이 이야기하라. 아이가 옷을 춥게 입는 것과 병에 걸리기 쉽다는 것 사이의 상관 관계를 잘 이해하도록 도와주라.

이 모든 것을 해나가는 동안 균형잡힌 접근 방법과 유머 감각을 잃지 않도록 주의하라. 가족들의 식사 형태와 운동 습관을 바꾸기는 쉽지 않다. 가족들이 함께 모여 목표를 세우고 진부한 다이어트 방식과 일관성 없는 운동 사이를 오가지 않도록 하라. 새로운 습관으로 천천히 이행해가는 것이 갑작스럽고 획기적인 변화보다 성공률이 높으며 아이들의 즉각적인 반항도 줄일 수 있을 것이다. 온 식구가 다같이 건강한 삶을 위해 힘쓰기로 작정함으로써 누릴 수 있게 될 영원한 유익에 초점을 맞추라.

38

지적 호기심을 키워주라

부모가 아이들에게 쏟는 관심과 아이가 학교에서 받아오는 성적 사이에는 강력하고도 직접적인 연관이 있다는 연구 결과는 정말로 놀랄 만한 일인가? 그것은 놀라운 일이 아니다. 그럼에도 불구하고 아직 많은 부모들이 아이를 가르치는 모든 책임을 교사에게만 떠넘기고 있다. 무슨 까닭인지 몰라도 많은 부모들이 오직 교육 전문가만이 아이의 발달 과정을 적절하게 지도할 수 있다는 막연한 환상을 가지고 있다. 그러나 이것은 전혀 사실 무근한 생각이다.

아이로 하여금 학교 교육과 그 교과 과정을 소중하게 여기도록 가르치는 것이 자신이 줄 수 있는 가장 중요한 선물이라고 진심으로 믿는다면 부모는 학교 교육에 적극적으로 개입해야 한다. 다음의 항목들은 그 지침이 될 수 있을 것이다.

□아직 학교에 들어가지 않은 아이들에게는 강한 자존감과 아울러 스스로를 사랑하고 용납하는 태도를 길러주는 데 가장 큰 비중을 두어야 한다. 아이들은 이런 안정된 태도를 바탕으로 낯선 사람과 사물, 사상으로

가득 찬 자기만의 새 세계를 개척해나갈 수 있을 것이다.

□아이가 하는 이야기를 잘 들어주라. 아이가 관심을 갖고 찾아낸 일에 대하여 부모가 진정으로 기뻐하는 모습을 보여주는 것은 아이들에게 실험과 발견이 모두 중요하다는 사실을 심어주는 데 꼭 필요한 요소이다.

□여러 상황들을 통해서 꾸준히 아이들의 마음을 읽으라. 음악을 같이 듣기도 하고 창조적인 교감을 주고 받을 수 있는 장난감을 가지고 아이와 함께 놀아주기도 하라. 또 아이들로 하여금 부모가 문제를 해결하고 필요한 정보를 수집하는 과정도 지켜보게 하라.

□이맘때가 아이들에게 공공 도서관이 얼마나 유익한 곳인지 알려주기에 적합한 시기이다. 도서관 사서에게 좋은 책을 추천해달라고 부탁하라. 매년 최우수 아동 도서에 주어지는 상이 올해는 어떤 책에 돌아갔는지 조사해보라.*

또 도서관에서 아이들에게 유익한 무슨 프로그램을 시행하고 있는지 알아보라. 대부분의 도서관에서는 '옛날 이야기 시간, 인형극, 영화 및 기타 특별 프로그램들을 정기적으로 마련하고 있다. 도서관이 소장하고 있는 옛날 이야기 녹음 테이프, 손가락 놀이, 음반, 아이 방에 걸어두는 그림 액자 따위의 비인쇄물(nonprint material)들을 활용하라. 아이들은 곧 공부란 재미있는 것이며 헛수고가 아니라는 사실을 깨닫게 될 것이며 이러한 확신은 일생동안 지속된다.

□초등학교 저학년에 다니는 아이들에게는 부모가 학교 행사에 참석해주는 것이 무엇보다도 중요하다. 시간을 내서 아이의 담임 교사를 만나

---

* 미국에서 매년 가장 뛰어난 그림책을 선정하여 칼데코트(Caldecott Award)라는 상을 준다.

보고 그의 교육 철학은 무엇이며 어떤 방법으로 아이들에게 접근하고 있는지 단도 직입적으로 물어보라. 또 부모가 도울 수 있는 특별 행사나 장단기 계획은 없는지 알아보라. 필요하다면 일년에 두 차례 정도 직장 일이 쉬는 날 직접 아이들을 가르쳐보는 것도 좋다. 교사 · 학부모 연합 모임, 가족 초청 행사, 사친회, 육성회 따위의 모임에 빠지지 말고 참석하라.

□ 아이의 담임 교사에게 부탁해서 주간 교과 진행표와 교과 과정 일람표의 사본을 한 부씩 얻으라. 그러면 아이에게 "오늘 학교에서 뭘 했니?"라고 묻고 "그저 그런 것들예요"라는 틀에 박힌 대답을 듣는 절차는 생략될 수 있을 것이다.

□ 아이에게 책이나 신문 · 잡지 기사, 식단표, 간판의 내용을 읽어달라고 부탁하라. 아이로 하여금 자신이 전해주는 재미있는 일이나 새로운 소식들에서 부모가 도움을 얻고 있다는 사실을 인식하게 하라. 이야기를 나누다가 재미있는 신조어가 튀어나오면 아이와 함께 사전을 뒤져보라.

□ 수학적인 재능과 어휘력을 자극하기 위해서 아이와 함께 같은 말 찾기, 도미노 게임, 투자 놀이 따위의 게임을 하라. 자동차를 타고 가는 동안이나 버스를 기다리는 동안 끝말 이어가기라든가 리듬 맞추기 등의 놀이를 해보라.

□ 아이와 함께 세계의 진기 명기를 모아놓은 책을 뒤적여보라. 물론 아이가 재미있어 하는 분야를 주로 읽으라. 저녁 식사를 마치고 식탁에 둘러앉아 식구들끼리 장기 자랑 대회를 열거나 한 주간 동안 텔레비전이나 책에서 본 일들을 저마다 한 가지씩 나누는 시간을 가지라.

□ 이따금 집 근처의 역사 유적들을 돌아보고 공장과 박물관을 견학하

러 가거나 음악회나 연극 공연을 구경하러 가라. 심지어 소방서나 경찰서에도 찾아가보라. 이런 활동들은 아이들이 공부하고 탐구하는 태도를 키우는 데 큰 도움이 될 것이다. 그 지역의 상·하수도 처리 시설도 빼놓지 말고 데려가라.

▫ 아이가 초등학교 고학년으로 올라가면 공부할 의욕을 키워주려는 종전의 교육 방향에서 시간의 건설적인 사용을 크게 강조하는 쪽으로 관심의 초점을 바꾸어야 한다. 아이가 우선 순위를 정하고 목표를 세울 수 있도록 도와주라. 너무 많은 일들을 요구해서 아이의 힘과 열정에 무리가 가지 않도록 주의하라.

▫ 아이가 공부할 수 있도록 조용하고 아늑하며 밝은 방을 마련해주라. 사전, 지도나 지구본, 연필 깎기 등 기본적인 물품들을 구해주라.

▫ 공동의 관심사를 놓고 책을 읽어가며 함께 공부하는 방식을 유지하라. 신문 기사나 텔레비전 뉴스에 대하여 토론하라. 부모가 어떤 직책을 맡았거나 어느 모임에서 일하게 되었으면 아이에게 그 강령을 읽어보게 하라. 아이가 이룩해낸 일을 칭찬해주고 극복해야 할 단점이 무엇인지 깨달을 수 있도록 도와주라. 가끔 학교까지 바래다주라.

▫ 중고등학교에 다닐 나이가 된 아이들에게는 힘을 내서 바른 길로 나가도록 동기 부여를 해주는 일에 부모의 전 역량을 총동원하라. 이제 어른들끼리 할 만한 이야기들을 십대 자녀와 함께 나누라. 가끔 한 번씩 부모가 하는 일에 아이들을 끌어들이라. 아이가 다니는 학교에 가서 부모가 가진 직업의 재미있는 면모에 대해 설명하는 것도 한 번 고려해볼 만하다.

▫ 아이를 밀어붙이지 말고 그냥 '친구'가 되라. 그리고 부모는 어려울

때 도움의 손길을 내밀어주거나 아니면 단순히 이야기 상대가 되어주기 위해 언제나 그 자리에 남아 있을 것이라는 사실을 아이에게 알려주라. 아이가 어울려 지내는 사람들과 대부분의 시간을 보내는 장소에 대하여 늘 깊은 관심을 가지라.

아이가 어떤 교사와 교육 환경을 만나느냐에 따라 학교에서 느끼는 즐거움과 공부를 소중하게 여기는 마음이 커질 수도 있고 작아질 수도 있지만, 교사와 환경은 부모가 보여주는 모범과 그 영향에 비하면 부차적인 요소에 불과하다. 일생 동안 얼마나 꾸준하게 성장하고 어떤 일들을 성취하느냐 하는 모습은 얼마나 많은 노력을 쏟아부었느냐에 따라 판가름난다. 한마디로 말하자면 "인생 만사 마음 먹기에 달렸다"는 것이다.

39
가정에 대한 신념을 갖게 하라

 부모가 자녀들에게 심어주려는 여러 가지 귀중한 가치 기준들을 떠받치고 있는 토대는 워낙 기본적인 것이어서 오히려 사람들의 관심을 끌지 못하는 경우가 많은 듯하다. 특히 현대의 뿌리 없는 문화, 순간적 쾌락의 문화 속에서는 이 중요한 개념이 점점 퇴색되고 있는 실정이다. 여기서 모든 가치 기준의 토대라고 일컫는 것은 바로 가정을 소중하게 여기는 마음이다. 가정은 한 사람의 삶이 틀을 잡아가는 실험실이기 때문이다.

메닝거 재단(Menninger Foundation) 병원의 정신과 과장이요 정신분석가인 해롤드 보스(Dr. Harold M. Voth) 박사는 "오늘날 우리가 직면하고 있는 가장 심각한 어려움은 가정의 위기와 그 내부 구조의 다변화, 급속도로 확산되고 있는 가정의 해체 및 그에 따른 인간 정신의 위기"라고 갈파한 바 있다.

우리 아이들은 한결같은 마음으로 결혼의 순수성을 잃지 않으며 핵가족 시대의 모범으로 살면서 가정을 꾸려나갈 것인가? 여기에 대한 대답은 지금 아이가 자라고 있는 가정에서 부모가 어떤 지도력을 보여주느냐와 직접적으로 연관되어 있다. 다음은 아이가 가정에 대한 신념을 갖는 데 필요한 세 가지 중요한 원칙들이다.

■사람을 향한 하나님의 계획은 가족 개념을 바탕으로 하고 있다. 이 개념이 인위적으로 변경될 때 사회와 개인 모두가 어려움을 겪게 되며, 정신병과 사회학적인 질환에 쉽게 희생되고 말 것이다. 아울러 가정의 주권자 되시는 하나님 아버지께서는 부모된 사람들에게 고유한 약속과 책임을 주셨다. 실제로 신약에서 가족을 뜻하는 헬라어 '파트리아(patria)' 는 '부모됨' 을 의미한다.

■가족의 유대 관계는 개인적인 안정감과 정체감, 연속성의 근거가 된다. 가족이야말로 바른 가치 기준과 목적 의식, 하나님의 뜻을 담아 전해줄 수 있는 가장 훌륭한 그릇이다. 가족 관계에서 비롯된 뿌리 의식과 자긍심이 없으면 한 사람 한 사람의 정체감에 심각한 위기가 오리라는 것은 불을 보듯 뻔하다. 가정을 정확하게 대신할 만한 기관은 그 어디에도 없다. 사학자인 윌 듀런트(Will Durant)는 이렇게 말한다. "나라가 없어도 가족은 존재할 수 있다. 그러나 가족이 없다면 만사가 끝장이다."

■가정에서 가치 기준과 인격적인 정체감을 전달하는 가장 기본적인 수단은 바로 모범을 보이는 것이다. 전통적인 가족 관계를 경험하지 못하고 자란 사람은 그 다음 세대에서도 성공적인 가정을 꾸려나가기가 매우 힘들 것이다.

다음은 아이들이 부모와 함께 살면서 자연스럽게 배우게 되는 전통적인 가치 기준과 책임 의식을 보다 강화시켜주는 몇 가지 방법들이다.

▫우리 가정이 다른 가정과 어떻게 다른지, 또 우리 집안의 가치 기준에는 어떤 것들이 있는지에 대하여 아이에게 이야기하라. 부모는 그런 차이점과 가치 기준을 온 몸으로 보여주라. 가문의 문장(紋章)을 통해서 형상화하는 방법을 쓸 수도 있고 집안의 뛰어난 내력을 과시하는 길을 택할 수도 있다. 외부 사람들이 이러한 가치 기준에 도전해오면 힘을 합쳐 서로 도우라.

▫모든 가족이 참가할 수 있는 활동이나 즐거운 취미 생활을 통해서 가족의 유대를 강화하라. 이러한 것들을 가족의 전통으로 굳어지게 하라. 가문의 단결과 정신을 형상화한 가족 티셔츠나 단추를 만들라.

▫가족끼리 무엇을 할 때면 사진을 많이 찍어서 자주 꺼내보라. 즐거웠던 가족 나들이, 온 식구들이 힘을 모아 이룩한 일, 똘똘 뭉쳐서 이겨낸 어려움 등을 기억해내는 데 도움이 되도록 사진 이외의 자료들을 담아두는 스크랩북을 만들라.

▫식구들이 다함께 참여하여 현대 가족사(history of family)를 쓰라. 부모의 결혼에서 시작해서 기억할 만한 최근의 사건까지 기록해보라. 전기를 쓰듯 가족 한 사람 한 사람의 특성, 장기, 재능 따위를 적으라.

▫가족의 성(姓)은 물론이고 이름에 담긴 뜻을 찾아보라. 지역 도서관에 가서 관계 도서들을 뒤져보면 대개 도움이 될 만한 자료들을 얻을 수 있을 것이다.

▫공책을 한 권 마련해서 아이들이 무심코 던진 재미있는 말이나 의미심장한 이야기, 그밖에 기억해둘 가치가 있는 말들을 기록해두는 습관을 기르라.

▫친가쪽이나 외가쪽의 친지들과 연락이 끊어지지 않게 하고 공휴일

이나 방학 때 잊지 말고 찾아가라. 같은 가문에 속한 여러 가정이 돌아가면서 소식지를 만들어 돌려보라. 소식지가 배달되면 온 가족이 둘러앉아 같이 읽고 동봉해온 사진을 나누어 보라. 벽이나 가족 게시판에 나이 드신 친척 어른들의 사진을 가능한 한 많이 붙여놓으라.

□정기적으로 흩어져 있던 모든 가족들이 한 자리에 모이는 기회를 가지라. 그 동안 어디서 무얼하며 어떻게 지냈든지 그 모습 그대로 받아들여야 한다는 점을 역설하라. 모두들 모였으면 장기 자랑을 하거나 지금 살아 있는 가족들이나 선조들의 일화를 소재로 촌극 대회를 열라. 가장 나이가 많은 어른, 제일 어린 꼬마, 옷을 가장 못 입은 사람, 키가 가장 큰 사람, 그밖의 다른 여러 조건에 합당한 사람을 뽑아서 상을 주면 재미있는 시간을 보낼 수 있다. 집안의 어른들이 지난 날들에 관한 이야기를 할 수 있는 시간을 많이 잡으라. 전체 사진을 찍고 가계도를 그려보라. 이 모임에 참석하는 사람은 누구나 다함께 나눌 수 있는 오래된 사진이나 유물들을 몇 점씩 가져오게 하라.

□세상을 떠난 사람이나 이혼한 부부가 있어서 가정이 깨어진 경우가 있더라도 가능한 한 긍정적인 관계를 유지하고 한편으로는 다른 개인이나 부부, 또는 가족과 가족에 버금가는 결연을 맺을 수 있도록 주선하라. 아이가 할아버지 할머니와 멀리 떨어져서 사는 경우, 조부모와 가까운 곳에서 같이 사는 아이를 친구로 사귀게 하라.

□여러 세대가 함께 사는 걸 마다하고 따로 떨어져 살려고 하는 요즈음 세태를 힘 닿는 데까지 거부하라. 이런 풍습은 전통적인 가치 기준과 문화적인 연속성이 한 세대에서 다음 세대로 이어지는 데 필요한 상호 작용을 단절시킨다. 우리 시대의 도덕적·문화적 혼돈 상태는 최소한 일부

분이라도 이러한 심각한 단절의 결과로 생긴 것인지도 모른다.

우리 아이들은 언제나 성실한 태도로 가정을 꾸려나갈 것인가? 이것은 완전히 부모에게 달려 있다. 보스 박사는 이렇게 말한다. "집안이 화목하면 가정은 자연이 준 가장 좋은 선물이 될 것이다. 그러나 집안이 화목하지 못하면 가정 생활은 끔찍한 결과를 낳을 것이다."

40
하나님을 향한 열망을 갖게 하라

어떻게 하면 아이들이 하나님에 대해 성숙하고도 열렬한 사랑을 품게 할 수 있을까? 무엇보다 중요한 것은 하나님께서는 부모가 책임지고 자녀들에게 참으로 소중한 영적 진리들을 전수하게 하셨다는 것이다. 그러므로 이 문제의 실마리는 부모로부터 풀어나가야 한다.

부모는 식구들과 어울려 살아가는 상황 하나하나에서 어떤 본을 보이고 있는가? 디모데의 거짓 없는 믿음은 애당초 할머니 로이스와 어머니 유니게 속에 있었던 것이다(딤후 1:5). 부모에게 없는 성품은 아이에게도 가르칠 수 없다. 부모의 믿음이 연약한 상태라면 아이에겐 오히려 참 믿음을 갖지 못하게 하는 작용을 할 수도 있다. 사도 바울은 디모데후서 3장 14~15절에서 크리스천의 진정한 목표는 세 가지 단계 가운데 마지막 단계라고 말하고 있다. 첫번째는 하나님에 대한 확실한 지식을 아는 단계이다. 두번째는 알게 된 진리를 개인적으로 적용하는 **배움**의 단계이다. 세번째는 하나님의 관점에서 세상을 보는 **지혜**의 단계이다. 아이들을 이 세번째 단계로 잘 이끌어주는 부모는 일반적으로 다음에 언급하는 몇 가지 핵심적인 분야에서 대단한 열심을 보인다. 이제 먼저 우리 스스로를 점검해보고 그 뒤에 실제적인 지침들을 살펴보기로 하자.

■ 우리의 영적인 생활은 아이들이 본받을 만한가? 부모된 우리는 가정의 특별한 필요를 하나님께 전달하는 중개자가 되어 은밀하게 기도하고 있는가?

■ 기도, 성경 공부, 교회 봉사 등 영적인 일들에 대한 열정이 몸에 배어 있는가? 혹시 거의 기계적으로, 또는 습관적으로 이런 일들을 하고 있지는 않는가?

■ 아이들이 하나님의 권위 앞에 기꺼이 순복하는 균형잡힌 권위관을 갖도록 가르치는가?

(아이가 가지고 있는 여러 문제들, 그들이 가져야 할 긍정적인 성품, 최근 관심을 가지고 있는 국제적인 사건, 또는 세상 살아가는 일에 대한 질문 등에 답하기 위해서 성경책을 펴드는가?

■ 아이가 문젯거리를 들고 왔을 때 먼저 기도한 뒤에 대책을 세우는 것이 몸에 배어 있는가? 문제를 우선 하나님 앞에 들고 나가는 모습을 아이에게 보여주는가? 밥 먹을 때나 잠 잘 때 말고도 온 식구가 자연스럽게, 그리고 자발적으로 함께 모여 기도하는가?

심리학적인 연구 결과에 따르면 아이가 성인이 되었을 때 갖게 되는 인성의 85%는 여섯 살 때 이미 형성된다고 한다. 따라서 이 결정적인 6년 동안이 아주 효과적으로 아이를 사랑하고 훈계할 수 있는 절호의 기회인 셈이다. 그런 다음에 나머지 15%는 다음 지침들에 따라 애써보는 것이 좋을 것이다.

□아직까지 아이를 지명하여 하나님께 드리지 않았으면 지금 당장 그렇게 하라. 일단 하나님께 드렸으면 부모는 이제 아이가 잠시 동안 자신에게 맡겨졌을 뿐이라는 사실을 늘 염두에 두라.

□아이를 위해 날마다 기도하라. 아이의 특별한 필요에 대해 늘 깨어서 특별한 기도를 드리라. 아이들에게 부모가 자신을 위해 기도하고 있다는 사실을 알려주라. 아이의 삶 속에 나타난 하나님의 기도 응답을 분명하게 집어내라. 직업이나 배우자, 자녀 등 아이의 먼 훗날에 일어날 일들을 위해서도 자주 기도하라.

□웃음과 모험, 놀라움과 서로를 향한 관심, 아름다운 음악과 책, 좋은 친구들이 어우러진 안정된 집안 분위기를 유지하라. 즐거운 일로 집안이 가득 차게 하라. 이웃집 아이라도 같이 살고 싶을 만한 집안 분위기인지 점검해보라.

□가족 상호간에 영적인 교감이 이루어질 수 있는 기회를 자주 마련하고 아이에게 관심과 주의를 기울이라. 아이에게 열심히 헌금하게 하라. 아이의 삶에 변화를 주라. 성경 말씀을 잘 외우면 상을 주라.

□식구들이 한마음으로 예배드리는 시간을 가지라. 축하해야 할 일이 있으면 다같이 찬양과 기도로 하나님께 감사하라.

□프로그램이 훌륭한 기독교 단체의 여름 수련회나 소년단의 캠프에 아이를 보내는 한편 교회가 주최하는 프로그램에 참석시키라.

□부활절, 크리스마스 따위의 명절이나 특별한 사건들의 장점을 잘 살려서 아이에게 신앙에 대해 이야기하는 기회로 삼으라. 인류를 향한 하나님의 사랑을 이야기하기에 크리스마스 이브보다 더 좋은 기회가 어디에 있겠는가? 부활절은 하나님의 능력에 대해 가르쳐주기에 가장 좋은 기회

가 아닌가? 생일은 하나님의 한 사람의 독특성과 존엄성을 하나님의 관점에서 존중하도록 역설할 수 있는 사건이다. 또 결혼 기념일은 결혼에 대한 하나님의 뜻에 대해 자연스럽게 대화를 나눌 수 있는 기회가 된다.

▫ 아이가 교인들이나 예배 순서, 교회에서 진행되는 여러 활동에 잘 어울리고 그 속에서 편안함을 느끼도록 도와주라.

▫ 위대한 신앙을 가졌던 사람들의 전기를 보여주고 메시지가 담긴 최신 성가를 들려주라.

▫ 벽에 지도를 걸어놓고 배고픔에 시달리는 지역, 정치적인 압박으로 고통받는 지역, 영적으로 메말라 있는 지역 등에 대하여 규칙적으로 공부하라. 선교 단체에 하나님께서 여러 나라에서 어떻게 역사하시는지를 보여주는 자료를 요청하는 편지를 쓰라.

▫ 선교사나 헌신된 사람들을 집에 초대하라. 그런 사람들을 하나님께서 어떻게 부르셨는지 아이가 물어볼 수 있게 하라.

▫ 가족 게시판에 안면이 있는 선교사의 사진들을 붙여놓으라. 그 선교사들과 편지를 주고 받으라. 온 가족이 선교사들을 위해 기도하고 그들을 도울 방법을 찾아보라. 아이가 매월 기도 편지를 보내도록 도와주라.

▫ 방학 때면 휴가를 보내게 될 지역의 해외 선교 단체나 국내 선교 단체를 방문하라.

▫ 아직 예수 그리스도를 알지 못하는 아이의 친구를 가려내라. 그리고 같이 지내면서 복음을 전할 기회를 마련할 수 있도록 기도하고 계획을 세우라. 그런 기회가 왔을 때 부모와 아이가 무슨 말을 할 것인지 분명히 준비하라.

▫ 아이가 십대에 이르면 부모로부터 떨어져 나와 홀로 설 수 있어야

한다. 십대라는 시기는 이전에 그냥 받아들였던 일들에 대하여 수많은 의문을 제기하기 시작하는 때이다. 그래도 당황하지 말라. 기도하면서 아이의 질문에 대해 분명한 답을 제시하고 있는 책을 보여주고 젊은이들과 잘 통하는 강사의 강연을 들려주라. 토론의 장을 활짝 열어놓아야 하며 더 나아가서 자신이 한 말을 스스로 실천하라.

잠언 22장 6절에서 하나님께서는 "마땅히 행할 길을 아이에게 가르치라. 그리하면 늙어도 그것을 떠나지 아니하리라"고 약속하셨다. 아이에게 마땅히 행할 길을 가르치는 과정에는 부모와 자녀 모두가 날마다 성장하게 되며 이 땅에서 기쁨을 누리는 한편 영원한 상급을 받을 수 있는 길이 있다.

부록

점 검 표

- 이 름:
- 나 이:
- 작성일:

    다음 도표에서 오른쪽에 있는 숫자는 주어진 기술, 태도, 가치 기준 등에 대한 완성도를 나타낸 것이다. 현재 아이가 해당된다고 생각되는 단계에 ○표 하라.
    왼쪽의 내용은 이 책에서 다룬 기술, 태도, 가치 기준의 목록이다. 다음 요령에 따라 박스 안에 적절한 기호를 그려넣으라.

    보기 ∅ : 현재 가장 중점을 두고 있는 분야
            ⊠ : 성공적으로 교육이 이루어진 분야

기술
                                      나쁨   좋음
1. □ 용돈과 재정적인 책임감   1 2 3 4 5 6 7 8 9 10
2. □ 좋은 결정을 내리는 기술   1 2 3 4 5 6 7 8 9 10
3. □ 시간 관리 기술   1 2 3 4 5 6 7 8 9 10
4. □ 친구를 사귀는 기술   1 2 3 4 5 6 7 8 9 10

5. □ 정치에 대한 이해　　　　　　1 2 3 4 5 6 7 8 9 10
6. □ 죄책감을 극복하는 능력　　　1 2 3 4 5 6 7 8 9 10
7. □ 감춰진 메시지를 찾는 기술　　1 2 3 4 5 6 7 8 9 10
8. □ 경제와 재정에 대한 이해　　　1 2 3 4 5 6 7 8 9 10
9. □ 건전한 비판을 주고 받는 기술　1 2 3 4 5 6 7 8 9 10
10. □ 스트레스를 처리하는 기술　　1 2 3 4 5 6 7 8 9 10
11. □ 죽음에 대한 이해와 대응　　　1 2 3 4 5 6 7 8 9 10
12. □ 이성 교제 기술　　　　　　　1 2 3 4 5 6 7 8 9 10
13. □ 단정함과 청결을 유지하는 기술　1 2 3 4 5 6 7 8 9 10

태도

14. □ 성공에 대한 가치관　　　　　1 2 3 4 5 6 7 8 9 10
15. □ 자기가 맡은 집안일에 대한 책임감　1 2 3 4 5 6 7 8 9 10
16. □ 실패에 대한 두려움 극복　　　1 2 3 4 5 6 7 8 9 10
17. □ 자존감　　　　　　　　　　　1 2 3 4 5 6 7 8 9 10
18. □ 감사하는 마음　　　　　　　　1 2 3 4 5 6 7 8 9 10
19. □ 창의력　　　　　　　　　　　1 2 3 4 5 6 7 8 9 10
20. □ "나도 할 수 있다"는 정신　　　1 2 3 4 5 6 7 8 9 10
21. □ 섬기는 자세　　　　　　　　　1 2 3 4 5 6 7 8 9 10
22. □ 유머 감각　　　　　　　　　　1 2 3 4 5 6 7 8 9 10
23. □ 우울한 마음 떨쳐버리기　　　　1 2 3 4 5 6 7 8 9 10
24. □ 마음 먹은 일을 끝까지 해내는 힘　1 2 3 4 5 6 7 8 9 10
25. □ 권위에 대한 바른 시각　　　　1 2 3 4 5 6 7 8 9 10

26. ☐ 단순한 생활 태도　　　　1 2 3 4 5 6 7 8 9 10

가치기준

27. ☐ 정직　　　　　　　　　　1 2 3 4 5 6 7 8 9 10
28. ☐ 텔레비전을 다루는 방법　　1 2 3 4 5 6 7 8 9 10
29. ☐ 성에 대한 이해　　　　　　1 2 3 4 5 6 7 8 9 10
30. ☐ 권리에 대한 의식　　　　　1 2 3 4 5 6 7 8 9 10
31. ☐ 가족 전통에 대한 인식　　　1 2 3 4 5 6 7 8 9 10
32. ☐ 물건을 소중히 여기는 마음　1 2 3 4 5 6 7 8 9 10
33. ☐ 가족의 뿌리 찾기　　　　　1 2 3 4 5 6 7 8 9 10
34. ☐ 프라이버시 존중　　　　　　1 2 3 4 5 6 7 8 9 10
35. ☐ 용기　　　　　　　　　　　1 2 3 4 5 6 7 8 9 10
36. ☐ 예술에 대한 갈망　　　　　1 2 3 4 5 6 7 8 9 10
37. ☐ 건강을 지키는 습관　　　　1 2 3 4 5 6 7 8 9 10
38. ☐ 공부하는 태도　　　　　　　1 2 3 4 5 6 7 8 9 10
39. ☐ 가정을 사랑하는 마음　　　1 2 3 4 5 6 7 8 9 10
40. ☐ 하나님을 향한 열심　　　　1 2 3 4 5 6 7 8 9 10

내 아이가 알아야 할 40가지 지혜
(구 아빠가 가르치는 자녀양육 교실)

개정판 1쇄 발행 / 1998년 12월 26일
개정판 6쇄 발행 / 2007년 3월 26일

지은이 / 폴 루이스
옮긴이 / 최종훈
펴낸이 / 양승헌
펴낸곳 / (주)도서출판 디모데 〈파이디온선교회 출판 사역 기관〉

등록 / 2005년 6월 16일 제319-2005-24호
주소 / 서울 강남구 포이동 164-21번지 파이디온 빌딩
전화 / 영업부 031) 908-0872
팩스 / 영업부 031) 908-1765
홈페이지 / www.timothybook.com

값 6,500원
ISBN 89-388-0250-7

Copyright ⓒ 주)도서출판 디모데 1996 〈Printed in Korea〉

함께 일하고 있습니다

파이디온 선교회와 디모데 성경연구원은 주님의 나라를 위해 함께 동역하고 있는 자매 단체입니다.
파이디온 선교회는 다음 세대를 이어갈 어린이와 청소년을 섬기는 사역으로,
디모데 성경연구원은 다음 세대를 키워가는 지도자와 부모를 섬기는 사역으로
다음 세대에는 하나님의 나라가 더욱 더 든든히 서가는 꿈을 안고 동역하고 있습니다.

도서출판 디모데는 파이디온 선교회의 산하 출판 사역 기관으로서
파이디온 선교회와 디모데 성경연구원의 사역을 돕고 있습니다.
도서출판 디모데는 다음 세대를 키워가는 지도자와 부모를 위한
경건생활, 리더십, 교회와 목회, 성경연구, 가르침에 관한 도서를,
그리고 다음 세대의 어린이와 청소년을 위한
제자훈련, 설교, 동화, 찬양, 선교, 교육에 관한 도서를 엄선하여 발간하고 있습니다.

파이디온선교회는

'어린 아이들의 내게 오는 것을 용납하고 금하지 말라'(막 10:14)고 하신 주님의 명령을 좇아 온 세상의 다음 세대를 그리스도의 제자로 만들고, 또 이들을 제자를 만드는 제자로 육성함으로써 그리스도의 지상 명령을 성취하여 하나님의 영광이 온 땅에 충만케 되는 것을 근본 목표로 하고 있습니다. 파이디온 선교회가 주님의 교회와 다음 세대를 섬기기 원하여
① 다음 세대 전도
② 다음 세대를 위한 선교사 양성 및 파송
③ 다음 세대를 위한 사역자(교사) 훈련
④ 다음 세대를 위한 기독교 교육 자료 출판
⑤ 다음 세대를 위한 문화 창달
등 다섯 가지의 주요 사역을 펴고 있습니다.

전화 522-0872~4 팩스 522-0875

디모데성경연구원은

디모데후서 3장 16-17절 말씀에 기초해서 하나님의 감동으로 쐬어진 오류가 없는 하나님의 말씀을 하나님의 백성들에게 효과적으로 가르쳐 하나님을 아는 지식에서 자라나게 하고, 그분께 조건없이 순종하며, 모든 선한 일을 행하기에 온전케 되도록 도움을 줌으로 하나님의 사람들의 삶을 변화시켜 하나님께 영광 돌리는 것을 목적으로 하고 있습니다. 디모데 성경연구원에서는
① 매일 성경을 읽고 말씀에 순종하게 하는 사역
② 성경적 가정을 세우는 사역
③ 지도자를 세우고 돕는 사역
④ 가르치는 이들을 훈련하고 돕는 사역
⑤ 자료를 개발, 출판, 공급하는 사역
등 다섯 가지의 세미나와 훈련과 출판을 통하여 하나님과 그의 백성을 섬깁니다.

전화 525-0915 팩스 525-0916

세미나 안내

구약 · 신약의 파노라마

■ 내용

구약 · 신약의 파노라마 세미나는 1976년 Bruce Wilkinson이 개발하여 1,600명(1998년 10월 현재)의 훈련된 강사진들에 의해 북미와 5개 대륙 60여개 나라에서 2,000회 이상 개최되어 100만명 이상이 참여한 세미나입니다.

구약 39권 · 신약 27권의 내용을 요약 정리하여 전체적인 이해를 돕고, 구약 · 신약의 말씀의 풍성한 진리를 한눈에 볼 수 있도록 구성되어 있습니다. 듣고 보고 해보는 생동감있는 교육방법으로 진행되는 세미나이기 때문에 남녀노소 모든 성도들이 쉽고 흥미있게 참여할 수 있습니다.

■ 교회를 위한 프로그램

이 세미나는 교회의 말씀 사경회나 단기 성경공부, 구역장 훈련, 중고등부 수련회 등을 위한 프로그램으로 적절합니다. 구약 · 신약 각 세미나의 시간은 2시간 30분씩 3일간입니다.

■ 현재 구약 · 신약의 파노라마 세미나를 실시한 교회

남서울교회(이 철 목사) 온누리교회(하용조 목사) 사랑의 교회 (옥한흠 목사) 제자교회(정삼지 목사) 안산동산교회(김인중 목사) 잠실중앙교회(정주채 목사) 영동교회(박은조 목사) 수원중앙침례교회(김장환 목사) 순복음인천교회(최성규 목사) 부산새중앙교회(최홍준 목사) 부산영락교회(윤성진 목사) 창원남산교회(이성범 목사) 대구동흥교회(김형식 목사) 등

■ 이 세미나를 주관하려면

본 연구원과 협의하여 일정을 정하고 국제 WALK THRU THE BIBLE본부가 인정하는 W.T.B. 강사를 파송합니다. 기타 포스터, 광고지, 교재 등을 본회에서 제공합니다. 자세한 문의는 저희 연구원으로 하시기 바랍니다.

미국담당: TEL. 714-522-5097
한국담당: TEL. (02)525-0915

추천의 글

성경을 가르치는 사람으로서 성경개관을 어떻게 그리고 무엇을 가르쳐야 하는지는 늘 문제였습니다. 왜냐하면 성경개관은 본문을 가르치기 전에 반드시 가르쳐야 될 항목이지만 요즈음의 개관 노트들은 너무 방대해서 오랜 시간을 들여야 하기 때문입니다. 이 성경 파노라마는 짧은 시간에 성경 전체를 강한 인상으로 마음속에 심어 놓는 참으로 유익한 프로그램이라고 생각됩니다.

홍정길 목사(남서울은혜교회)

그리스도인에게 있어서 성경은 생명이요 빛이요 능력이다. 그럼에도 불구하고 성경 전체의 맥을 알고 말씀을 대하는 성도는 얼마나 될까? 이 세미나는 성경 자신의 선언처럼 말씀이 꿀보다, 송이꿀보다 더 달다는 것을 실감시켜 줄 것이고, 말씀에 대한 왕성한 식욕을 돋구어 줄 것이다. 이 세미나를 참석하기 전에 성경을 마스터할 의욕을 버리지 말라고 부탁하고 싶다.

이동원 목사(지구촌 교회)

- 미국본부:7372 WALNUT AVE., SUITE#LL,BUENA PARK. CA 90620 T:714-522-5097, F:714-522-5098
- 한국본부:서울시 동작구 사당동 1018-36, 156-090 T:(02) 525-0915, F:(02)525-0916